지극히 사적인 영국

지극히 사적인 영국

노동자 계층 출신 잉글랜드인이 이야기하는 영국

1판 1쇄 발행 2025년 9월 19일

지은이   피터 빈트, 홍성광

펴낸이   이민선, 이해진
편집   홍성광
디자인   박은정
홍보   신단하
제작   호호히히주니 아빠
인쇄   신성토탈시스템

펴낸곳   틈새책방
등록   2016년 9월 29일(제2023-000226호)
주소   10543 경기도 고양시 덕양구 으뜸로110, 힐스테이트에코덕은 오피스 102-1009
전화   02-6397-9452
팩스   02-6000-9452
홈페이지   www.teumsaebooks.com
인스타그램   @teumsaebooks
페이스북   www.facebook.com/teumsaebook
유튜브   www.youtube.com/틈새책방
전자우편   teumsaebooks@gmail.com

ISBN   979-11-88949-79-3   03920

지극히 사적인 영국

**노동자 계층 출신 잉글랜드인이
이야기하는 영국**

피터 빈트·홍성광 지음

틈새책방

한국에서 택시를 타면 가끔 기분이 좋아진다. 기사님들은 내 외모를 보고 "웨얼 아 유 프롬?"이라고 물어볼 때가 많다. 이럴 때 한국어로 "저 영국에서 왔어요"라고 말씀드리면, 기사님들은 "오우 젠틀맨! 신사의 나라!" 이렇게 외치며 환영해 주신다. "한국어를 왜 이리 잘해요?"라는 칭찬은 덤이다. 영국에 대한 좋은 이미지 덕분에 나도 환대를 받으니 감사할 따름이다.

나는 영국인 아빠와 한국인 엄마 사이에서 태어난 영국인이다. 아빠는 유엔군 소속 영국군으로 한국에 주둔했을 때 엄마와 만났다. 그때가 1980년이었고, 나는 아빠의 다음 근무지였던 영국령 홍콩에서 1983년에 태어났다. 이후 아빠가 영국에서 근무하게 되면서 나는 영국에서 자라고 학교를 다녔다. 엄마를 따라 자주 한국에 놀러 왔는데, 한국에 처음 정착하게 된 때는 2008년이다.

어렸을 때 한국에 오면 나는 미국인 취급을 받았다. 한국에서도 영국을 알고 있었겠지만, 외국인의 대명사는 미국인이었다. 그래서 한국 아이들이 나를 "미국 놈"이라고 놀리면, "아닌데? 난 영국 놈인데?"라며 필사적으로 내가 영국인임을 알렸다.

친척들은 미국 교포인 내 사촌하고 영어로 대화해 보라고 하더니 사촌이 나보다 영어를 잘하는 것 같다고 하셨다. 한국에서는 미국식으로 발음을 굴리는 게 익숙해서 그랬던 것 같다. 너무 당황스러워서 "미국 영어는 잘못된 영어야. 영국 영어가 미국에 가면서 엉망이 된 거야"라고 친척들을 설득하기도 했다. 그러면 친척들은 "어, 그래?" 하고 넘기셨다. 그분들이 내 말을 어떻게 받아들이셨는지는 모르겠다. 하지만 나름 영국인이라는 자부심이 있었던 나로서는 살짝 상처 받는 경험이었다.

한국이 고도성장을 하면서 영국에 대한 인식도 바뀐 것 같다. 세계로 진출하면서 미국 외에도 다양한 나라와 문화를 접하게 됐고, 그만큼 외국인들도 한국에 많이 들어오기 시작했다. 어린 시절에 잠깐씩 경험했던 것과는 차이가 있겠지만, 어느새 한국에는 영국에 대한 좋은 이미지가 자리 잡은 듯하다. 영화나 음악 같은 문화 콘텐츠의 영향일 것이다. 덕분에 한국에 오는 일이 점점 더 좋아졌다. 대체로 한국인들은 외국인들에게 친절한데, 한국어를 하면 더더욱 친절해진다. 여기에 영국이 가진 좋은 이미지가 더해지니, 내 나라를 더욱 자랑스럽게 느끼게 된다.

한국에서 영국이 익숙한 나라가 되면서, 한국인들과 자연스럽게 영국에 관한 이야기를 나눌 때도 많다. 그런데 대화를 하다 보면 내가 생각했던 영국과 한국인들이 떠올리는 영국이 꽤 다르다는 것을 느낀다. 어떤 건 나도 몰랐던 것이고, 어떤 건 오해나 편견이라고 말하고 싶은 것도 있다. 영국의 날씨나 음식에 대한 혹평은 한국에 와서야 알게 된 것들이다. 영국인으로서는 솔직히 "이게 무슨 소리야?" 하고 싶은 편견이었다. 그러나 한국에 살면서 왜 그런 인식이 생겼는지 어느 정도는 이해하게 됐다. 그러면서 한국인들이 생각하는 영국과 영국인들이 살아가는 영국은 꽤 다른 나라라는 걸 실감했다. 그래서 이 책을 쓰게 됐을 때 기꺼이 그 기회를 받아들일 수 있었다.

물론 이 책에는 한계가 있다. 나는 잉글랜드 사람이고 워킹 클래스(working class, 노동자 계층) 출신이다. 나는 귀족이 아니라서 그들이 바라보는 영국은 알기 어렵다. 그렇지만 영국인들 중 거의 반 정도는 스스로를 노동자 계층으로 생각하고, 따라서 여러분들이 실제로 만날 수 있는 영국인도 대부분 노동자 계층일 것이다. 따라서 내가 말하는 영국이 어느 정도는 보편적인 영국에 가까울 거라고 생각한다.

내가 생각하는 영국은 스코틀랜드나 웨일스, 북아일랜드 사람이 생각하는 영국과 다를 수 있다. 잉글랜드 안에서도 런던 사람과 맨체스터 사람이 생각하는 영국은 서로 다를 것이다. 요컨대, 영국이라는 나라를 완벽히 객관적으로 설명할 수 있는 영국인은 없다. 하지만 그럼에도 영국인으로서 나름의 정체성은 있다. 나는 나의 기준으로 한국 독자들에게 영국이라는 나라를 이야기해 보려 한다.

스코틀랜드나 웨일스, 북아일랜드 친구들이 "그건 영국이 아냐"라고 하더라도 괜찮다. 영국을 잘 아는 잉글랜드인은 없지만, 다른 쪽 친구들은 영국이 어디 있는지도 모를 테니, 그나마 잉글랜드 사람의 이야기를 듣는 게 제일 낫다고 믿는다. 이 책을 읽는 여러분도 그렇게 믿고 재미있게 즐겨 주시면 좋겠다.

2025년 9월
피터 빈트

지극히 사적인 영국

★ 프롤로그   005

PART I. 제국 해체, 그 이후

01. 네 개의 컨트리, 하나의 '왕국'   015
02. 사라진 대영제국에 대한 상실감   021
03. 영연방은 이어질까?   031
04. 내가 사과의 아이콘이 된 이유   039
05. 영국인이 생각하는 전쟁과 식민 지배   047
06. 브렉시트, '영국 예외주의'가 만들어 낸 참사   054
07. 거만한 프랑스, 쿨하지만 재미없는 독일   063
08. 영국의 속도   071

PART II. 누가 영국인인가

01. 영국인의 정서를 담은 표현, "Keep Calm and Carry On"   081
02. 영국성(Britishness)에 대한 고민   089
03. 매너가 영국인을 만든다   095
04. 매너 통치 전략   104
05. 계층에 따라 달라지는 학교 생활   114
06. 영국인의 자부심과 소속감   123
07. 빨간 머리의 히어로, 폴 스콜스와 론 위즐리   132

PART III. 남성성을 추구하는 영국 문화

01. "진짜 남자가 돼라!" 141

02. 무리의 일원이 돼야 한다 147

03. 상류층의 무리 짓기 153

04. 계층별로 나뉘는 남자만의 공간, 소셜 클럽 159

05. 계층 사다리를 올라가지 않아도 행복하다 166

06. 영국 여성 캐릭터가 부재한 이유 174

07. 괜찮은 영국 남자의 기준 180

PART IV. 영국을 지탱하는 질서

01. 영국의 상징, 왕실 189

02. 군림하되 통치하지 않는다는 말의 의미 196

03. 정신적 지주였던 엘리자베스 2세 204

04. 영국 왕실은 계속될까? 211

05. 안정성과 혼란함 사이, 영국의 정치 제도 220

06. 법은 멀고 관습은 가깝다 230

PART V. 논란의 여지가 있지만 유명한 것들

01. 영국은 생각보다 날씨가 좋다 243

02. 영국인은 날씨 때문에 우울하지 않다 249

03. 영국 음식은 세계 최고 수준 256

04. 음식이 꼭 맛있어야 하나요? 263

PART VI. 영국인이 사는 법과 키우는 법

01. 집에서도 참고 산다　275

02. 영국인의 로망은 정원이 있는 단독 주택　282

03. 새 집보다는 시간이 깃든 집　290

04. 아이를 낳고 4시간 만에 퇴원해야 하는 영국　297

05. 영국 부모는 아이의 '조언자'　304

PART VII. 영국인들의 일상과 문화

01. 런던과 런던 밖의 잉글랜드　315

02. 영국인들은 휴가도 보수적으로 즐긴다　324

03. 마을의 사랑방, 펍(pub)　333

04. 제한이 없는 영국 유머　340

05. 매일 오가는 농담 속에 조금씩 상처받는다　346

06. 누구든 물어뜯는다　353

07. 종교보다는 문화가 된 기독교　363

08. 보수적이지만 다양한 영국　374

★ 에필로그 #1 판타지 속 나라 같은 한국　383

★ 에필로그 #2 영국을 지탱하는 역사와 문화의 힘　387

PART I.

제국 해체, 그 이후

01.

네 개의 컨트리, 하나의 '왕국'

나는 잉글랜드 사람이다. 영어로 자기 소개를 할 때는 "I'm English", "I'm from England"라고 한다. 그런데 한국에서는 "안녕하세요. 저는 영국에서 온 피터예요"라고 말한다. 어릴 때는 별 생각 없이 스스로를 "영국 놈"이라고 표현했지만 좀 크고 나서는 약간의 위화감을 느끼기 시작했다. 나는 잉글랜드 사람이라고 생각하는데, 외국에서는 '영국인'이 되는 것이다. 따지고 보면 외국에 갈 때 잉글랜드 여권이 아니라 영국 여권(UK passport)를 사용하니 영국인인 게 맞다.

한국인에게 이런 이야기가 낯설게 들릴 수 있을 것 같다. 한국인들은 하나의 국가와 하나의 민족이라는 정체성을 가지고 있기 때문이다. 하지만 영국은 좀 다르다. 아니 한

그레이트브리튼 및 북아일랜드 연합 왕국 지도. ⓒGetty Images

국과는 완전히 다르다고 해야 할 것 같다. 영국의 정식 명칭은 'The United Kingdom of Great Britain and Northern Ireland'다. 한국어로는 '그레이트브리튼 및 북아일랜드 연합 왕국'이다. 영어로든 한국어로든 이름부터 길다. 여기서부터 문제가 시작된다.

'그레이트브리튼'은 영국 본섬을 칭하는 말이다. 과거에는 여기에 잉글랜드 왕국, 스코틀랜드 왕국, 웨일스 공국이 있었다. 이 세 나라가 잉글랜드를 중심으로 병합되고, 바로 옆의 아일랜드 섬에 있었던 아일랜드 왕국까지 병합하여 만들어진 나라가 영국이다. 이후 아일랜드 공화국이 독립하고 북아일랜드만 남게 되어 지금과 같은 명칭이 됐다.

이런 복잡한 역사를 통해 지금의 영국이 탄생했는데, 하나로 통합된 나라라는 인식은 희박한 편이다. 나를 소개할 때는 잉글랜드 사람이라는 정체성이 영국 사람이라는 정체성을 앞선다. 다른 지역 사람들도 마찬가지다. 미국은 독립적인 주들이 모여 연방을 이룬 국가이고, 미국인들은 스스로를 '아메리칸'으로 소개한다. 하지만 영국인들은 자신의 출신 지역을 중심으로 소개한다. 영국인들은 잉글랜드, 스코틀랜드, 웨일스, 북아일랜드를 '컨트리(country)'라고 부른다. 즉 영국은 네 개의 컨트리로 구성된 나라다.

이런 이유로 영국인들이 가지는 지역색은 한국인들과는 비교하기 어려울 정도로 뚜렷하다. 우리가 보기에는 서로 생김새부터 다르다. 피부톤이나 머리색만 봐도 저 사람은 어디 출신인지 짐작할 수 있다. 한국에 왔을 때 신기했던 것 중 하나가 생김새로는 사람들의 지역적 배경을 전혀 짐작할 수 없다는 점이었다.

영국 내에서는 서로에 대한 편견도 심하다. 그럴 수밖에 없는 것이, 잉글랜드 사람 입장에서는 스코틀랜드인은 프랑스인과 다를 게 없다. 스코틀랜드인도 마찬가지다. 잉글랜드 얘기만 꺼내도 인상을 팍 쓰는 경우가 많다. 2014년에 스코틀랜드에서 독립 여부를 묻는 투표를 했는데, 찬성 44.7퍼센트로 부결되긴 했지만 영국이 좋아서가 아니라 정치·경제적인 문제로 반대했다고 보는 게 맞을 것이다. 이 정도면 외국과 다를 바 없다. 잉글랜드와 스코틀랜드를 기준으로 보면 지금의 한일 관계는 사이가 좋아 보일 정도다.

잉글랜드인에게 스코틀랜드인은 술꾼에 짠돌이다. 돈을 꽉 쥐고 놓지 않는 사람들이라는 의미다. 말도 거칠고 욕도 잘한다는 이미지가 있다. 웨일스인은 시골 사람들이다. 사람보다 양이 더 많아서 양이랑 '노는' 애들이라고 생각한다. 아일랜드인은 스코틀랜드인과 비슷하다. 기네스나 위스키

지극히 사적인 영국

를 많이 마시고 상식(common sense)이라는 게 없는 이들이다. 공통적으로는 '믿을 수 없는 사람들'이라는 이미지도 깔려 있다. 물론 그들도 잉글랜드 사람을 똑같이 생각할 것이다.

그들이 실제로 그런 사람들이라는 의미는 아니다. 서로 그런 편견을 가지고 있다는 뜻이다. 이런 이미지를 서로 알고 있으니 만나면 이런 걸로 상대를 놀리고 조롱한다. 실제로는 이보다 훨씬 심한 표현을 쓰지만 책에 담기에는 적절치 않다. 다만 이런 이야기를 면전에서 한다고 해도 주먹다짐이 오가는 경우는 드물다. 누가 상대를 더 열받게 만들어서 정색하게 하느냐가 중요하다. 다른 건 몰라도 이런 '영국식 유머 코드'만큼은 어느 정도 공유하고 있다.

다른 컨트리에서 잉글랜드 사람을 뭐라고 부르냐고? 그건 나도 모르겠다. 그쪽 친구들이 워낙 재미가 없어서인지 기억이 나지 않는다.

아마 영국에서만 살았다면 '영국이 무엇인가'에 대한 고민은 해 보지 않았을 것 같다. 나는 영국인보다는 잉글랜드인으로 살아왔고, '영국인'이 무엇인지 굳이 따져볼 일이 없었다. 그런데 한국뿐 아니라 다른 나라 사람들과 이야기를 나누다 보니 영국이라는 나라를 소개하기 쉽지 않다는 걸 깨달았다. 사람들마다 영국에 대해 떠올리는 이미지가 조금씩 다르고, 궁금해하는 지점도 제각각이다. 우리는 익숙해서 의식하지 않았던 것들이, 외국인의 시선으로는 낯설고 흥미롭게 보이는 모양이다. 나도 덕분에 다시 생각하고 새롭게 배우는 계기가 됐다. 영국은 생각보다 모순으로 가득한 나라이고, 그 모순이 때로는 매력으로 작용한다는 것을 말이다.

02

사라진 대영제국에 대한 상실감

한국에 있으면 한국인들이 영국을 나보다 더 잘 아는 것 같아 놀랄 때가 있다. 워낙 공부를 열심히 하고, 관심이 있는 분야에 대해서는 파고드는 열정이 있어서 그럴지도 모르겠다. 영국 축구 리그인 프리미어 리그를 비롯해서 문학이나 영화 같은 콘텐츠를 나보다 잘 아는 사람들이 많다. 영국이라는 나라가 한국인들에게 흥미로운 나라로 비치는 건 고맙고 다행스러운 일이지만, 예상치 못한 질문을 받으면 당황스러울 때가 있다.

가령 "영국의 영토는 어디까지냐"는 질문이 그렇다. 아무래도 '해가 지지 않는 나라'라는 제국 시절의 이미지가 아직도 남아 있는 듯하다. 그 말을 듣고 생각해 봤는데, 영국에서는 해외 영토에 대해 따로 비중 있게 배운 적이 없다는 것을 깨달았다. 우리가 배우는 건 잉글랜드, 스코틀랜드, 웨일스, 북아일랜드가 끝이다. 그 밖에 해외 영토는 지도에서 찾기 힘든 섬이나 작은 땅이 대부분이다.

현재 영국의 해외 영토(British Overseas Territories)는 14곳인데 유명한 지역이라고 하면 스페인 남쪽에 있는 지브롤터, 아르헨티나와 전쟁을 했던 포클랜드 제도, 한국에서는 마의 삼각 지대로 유명한 휴양지 버뮤다, 나폴레옹이 유배를 갔던 세인트헬레나섬 정도다. 이곳들은 현재 영국 영토이긴 하지만 아마 대부분의 영국인들은 그런 영토가 있는지도 모르는 사람이 많을 것이다. 카리브해나 대서양, 태평양 등에 있는 섬들이 대부분이라서 가기 어려운 이유도 있다. 제일 만만한 곳이 스페인에 붙어 있는 지브롤터 정도다.

내가 보기에 영국인들은 해외 영토에는 그리 관심이 없다. 대영제국으로 불렸다는 영광은 희미하게 남아 있지만 지금도 제국이라고 생각하냐고 묻는다면 아마 "아니오"라고 말할 것이다.

영국은 제2차 세계 대전 이후 대부분의 식민지를 상실했다. 1947년 인도를 시작으로 수많은 식민지들이 영국으로부터 독립했다. 전쟁 후 약 50년간 영국인들은 계속해서 어

지극히 사적인 영국

스페인 쪽에서 바라본 지브롤터 록(Rock of Gibraltar). ⓒGetty Images

유니언 잭이 펄럭이는 포클랜드 제도 의회 건물. ⓒGetty Images

카리브해에 위치한 영국령 버뮤다. ⓒGetty Images

남대서양에 있는 세인트헬레나섬 ⓒGetty Images

느 나라가 독립했다는 뉴스를 봐 왔다. 그 과정에서 영국인들은 상실감과 함께 이제 영국이 더 이상 강대국이 아니라는 사실을 실감하게 됐다. 영국의 제국주의나 식민 지배를 옹호하려는 말이 아니다. 그 시절 평범한 영국인들의 정서를 이야기하는 것이다.

식민 지배의 피해자였고, 한국 전쟁 이후 눈부신 성장을 이루었던 한국인 입장에서는 영국인의 정서를 이해하기 어려울 수 있다. 영국은 정확히 한국과 정반대의 길을 걸어왔기 때문이다. 제2차 세계 대전 이후 영국은 강대국 위치에서 점점 내려왔다. 지금의 영국이 더 이상 화려하고 자부심 넘치는 나라가 아니라는 것을 받아들이는 건 영국인 입장에서는 씁쓸한 일일 수밖에 없다.

게다가 교육의 문제도 있다. 돌이켜 보면 영국에서는 제국 시절 식민 지배에 대해 배운 기억이 거의 없다. 일부러 그런 교육을 피한 것 같기도 하다. 영국에 해외 영토가 있다는 것도 공부한 적이 없다. 홍콩이나 포클랜드 이야기는 들어보지 못했다. 아마도 영국의 식민 지배에 대한 교육을 하면 곤란하니 가르치지 말자는 일종의 사회적 합의가 있었던 게 아닐까 싶다. 어렸을 때 나는 짐바브웨와 로디지아가 다른 나라인 줄 알았다. 뉴스에서는 짐바브웨라는 나라가 나오는데, 일상에서는 이 나라를 식민지 시절 이름인 로디지아로 부르는 경우가 많았다. 식민지에 대한 교육이 없으니 특별히 신경 써서 찾아보지 않으면 로디지아가 독립 후 짐바브웨가 됐다는 사실을 알기 어렵다. 이렇게 식민지였던 나라에 대한 인식이 얕았다. 인도와 파키스탄이 원래 한 나라였던 것도 몰랐을 정도다.

1997년 홍콩 반환은 영국이 가지고 있던 제국의 이미지에 종지부를 찍는 사건이었던 것 같다. 개인적으로 홍콩은 특별한 의미가 있다. 내가 태어난 곳이기도 하고 아시아에서 가장 발전한 도시이기도 했다. 이런 홍콩을 중국에 반환해야 한다고 하니 느낌이 남달랐다.

한국에 와서야 홍콩이 1840년 아편 전쟁 때문에 영국으로 할양됐다는 것을 알게 됐고, 중국으로의 반환이 당연한 귀결임을 알게 됐지만, 1990년대에는 그런 사실을 몰랐다. 그런 역사를 배운 적이 없다 보니 그저 홍콩 반환을 '아깝고 안타깝다'고 생각했다. 영국이 홍콩을 지배하게 된 배경을 모르는 영국인들은 '우리가 가진 홍콩이라는 보물을 왜 후진국인 중국에 넘겨야 하지?'라는 정서를 갖고 있었다. 지금 보면 오만한 시각이지만, 그때는 대부분 그런 분위기였다. 당시의 중국은 지금 같은 강대국이 아니었으니 아

깝기도 하고 걱정되기도 했던 것이다. 원래 주인한테 돌려
준다는 인식보다는 '국제 사회의 압력 때문에 어쩔 수 없이
넘긴다'는 느낌이었다.

나는 홍콩 반환을 보며 더 특별한 감정을 느꼈다. 마치
실향민이라도 된 듯한 느낌었다. 나는 태어난 곳을 말할 때
항상 "영국령 홍콩"이라고 한다. 내가 태어난 곳이 영국이
었다는 의미다. 그러나 이제 영국령 홍콩은 없다. 한 중국
친구는 홍콩 이야기를 하면 예민해진다. 나에게 "너는 한

국인도 영국인도 중국인도 아니지 않아?"라고 말하기도 했다. 틀린 말은 아니다. 나는 혼혈이고 홍콩에서 태어났으니 다른 영국인들에 비해 정체성에 대해 생각할 거리가 많았다. 나는 홍콩에서 태어난 것도 내 정체성의 일부라고 생각하지만 중국 친구가 보기에는 이도 저도 아닌 경계선에 있는 것처럼 보일 수도 있었을 것이다.

그렇지만 홍콩이 우리 가족들에게 소중한 추억이 있는 도시라는 점은 사실이다. 엄마와 아빠는 홍콩에서 근무했을 때가 가장 행복했다고 하신다. 1980년대만 해도 파병 군인에 대한 대우가 좋았던 시절이었다. 부모님은 홍콩의 전망 좋은 아파트에서 가정부까지 두고 생활했다. 당시 한국은 중진국에 막 들어서고 있었고, 영국은 선진국이었으며, 홍콩은 아시아 최고의 도시였다. 엄마 입장에서는 '브리티시 드림'처럼 느껴졌을 순간이었다. 아빠는 "영국에는 가진게 쥐뿔도 없다"고 하셨지만, 엄마는 이를 겸양의 표현으로 받아들이셨다. 그러다 영국으로 돌아가서는 작고 오래된 관사에서 생활하게 됐으니 두 분 다 홍콩이 그립지 않을 수 없으셨을 것이다.

2012년 부모님을 모시고 홍콩으로 효도 여행을 갔다. 우리 가족이 살았던 동네, 내가 태어났던 병원 자리를 둘러보

며 아빠는 눈물을 흘리셨다. "옛날에는 이게 다 영국 거였
는데, 이제는 중국이 강대국이 됐고, 영국이 없이도 잘되고
있구나" 하시면서…. 어떻게 보면 헤어진 여자 친구가 다른
남자랑 잘 사는 모습을 보는 듯한 감정이었다. 아빠 말씀처
럼 나도 기묘한 뿌듯함을 느끼기도 했다. 홍콩에는 영국의
흔적이 많이 남아 있었다. 빅토리아 트램을 비롯해서 길거
리 이름에도 영국의 흔적이 있고, 호텔에서 애프터눈 티를
마시면 영국에 있는 것 같다. 영국 사람으로서는 이 좋은

사라진 대영제국에 대한 상실감

도시를 만드는 데 우리가 일조했구나 하는 마음이 들기도
했다.

그런데 사실 이런 감정은 사실 식민지 지배자 입장에서
나오는 것이다. 영국 사람들은 홍콩에 대해 좋은 기억이 많
다. 영국인들은 홍콩을 영국식으로 바꾸고, 홍콩에서 대접
을 받으며 지냈다. 자연스럽게 혜택을 누렸고 주인 행세를
했다. 계급이 그리 높지도 않았던 우리 아빠도 홍콩에서 좋
은 대우를 받았다.

홍콩 반환과 함께 영국이 주인처럼 행세할 수 있는 무대
는 사라졌다. 이런 사실을 아마 나를 포함한 영국인들도 대
부분 알고 있지 않았을까. 홍콩 반환은 제국이 완전히 해체
됐음을 알리는 상징적인 사건이었다.

03.

영연방은 이어질까?

대영제국은 사라졌지만 그 네트워크는 끊기지 않았다. 한국에서 "영연방"이라고 부르는 국가 연합, '코먼웰스 오브 네이션스(Commonwealth of Nations)'가 남아 있다. 아프리카, 아시아, 아메리카, 유럽, 태평양 등 전 세계에 걸쳐 이어져 있고, 2025년 기준으로 56개국이 가입돼 있다. 회원국 인구가 약 25억 명에 달하는 거대한 국제기구다.

영국인들은 보통 '코먼웰스(The Commonwealth)'로 부르는 이 국제기구를 다른 나라 사람들에게 설명하는 건 꽤 까다로운 일이다. 일단 대부분의 영국인들은 코먼웰스에 관심이 없다. 대체로 원래 영국의 식민지였던 국가들로 구성되어 있고, '여왕'이 리더를 맡는다는 정도로 알고 있을 것이

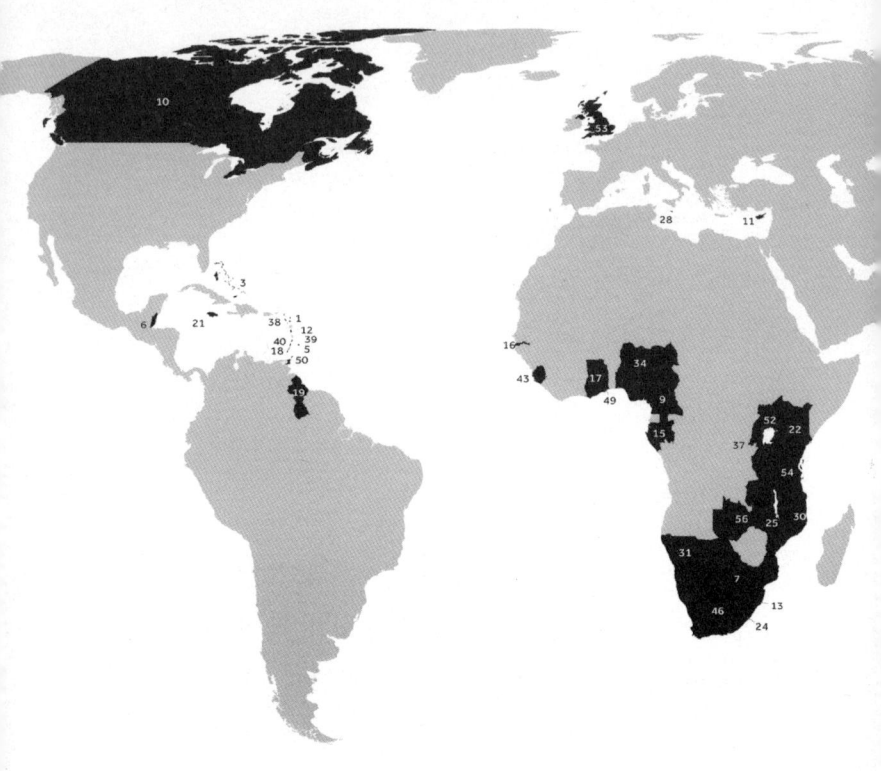

다. 지금 영국 국왕은 찰스 3세이지만 말이다. 아무튼 코먼
웰스를 설명하기 쉽지 않은 진짜 이유는 이것이 매우 모호
한 성격의 국제기구이기 때문이다. 들여다 보면 뭔가 영국
이리는 나라와 닮은 것 같기도 하다.

  알다시피 영국은 한때 잘나가는 제국이었다. 그 시절

지극히 사적인 영국

코먼웰스 회원국
1. 앤티가 바부다
2. 호주
3. 바하마
4. 방글라데시
5. 바베이도스
6. 벨리즈
7. 보츠와나
8. 브루나이
9. 카메룬
10. 캐나다
11. 사이프러스
12. 도미니카
13. 에스와티니 왕국
14. 피지
15. 가봉
16. 감비아
17. 가나
18. 그레나다

19. 가이아나
20. 인도
21. 자메이카
22. 케냐
23. 키리바시
24. 레소토
25. 말라위
26. 말레이시아
27. 몰디브
28. 몰타
29. 모리셔스
30. 모잠비크
31. 나미비아
32. 나우루
33. 뉴질랜드
34. 나이지리아
35. 파키스탄
36. 파푸아 뉴기니
37. 르완다

38. 세인트키츠 네비스
39. 세인트루시아
40. 세인트빈센트 그레나딘
41. 사모아
42. 세이셸
43. 시에라리온
44. 싱가포르
45. 솔로몬 아일랜드
46. 남아프리카 공화국
47. 스리랑카
48. 통가
49. 토고
50. 트리니다드 토바고
51. 투발루
52. 우간다
53. 영국
54. 탄자니아
55. 바누아투
56. 잠비아

2025년 9월 기준 코먼웰스 국가. ⓒThe Commonwealth

부터 영국을 중심으로 한 식민지들 간의 네트워크가 만들어졌다. 그러다가 20세기에 초에 들어서면서 식민지가 하나둘 독립하여 자치 국가가 됐다. 그러면서 자연스럽게 대영제국이 '브리티시 코먼웰스 오브 네이션스(British Commonwealth of Nations)'로 전환됐고, 여기서 '브리티시'가 빠지면서 지금의 코먼웰스가 됐다. 한국에서는 영연방으로 불리지만 원래 명칭에서는 영국이 빠져 버렸다. 이제는 단지 영국도 포함된 독립국 간의 연합이 된 것이다.

이 코먼웰스는 도대체 뭘하는 곳일까? 간단히 얘기하자면, 여기 속한 나라들끼리 잘살아 보자는 국제기구다. 앞서 말했듯이 소속된 국가는 주로 영국의 옛 식민지였던 국가다. 식민 지배를 받은 경험이 있는 한국인들은 이해하기 쉽지 않을 것이다. 호주나 뉴질랜드, 캐나다 같은 나라라면 몰라도 아프리카 국가들이나 인도처럼 혹독한 식민 지배를 받았던 나라들도 코먼웰스에 속해 있기 때문이다. 아마 일본이 '코먼웰스'를 만들 테니 함께하자고 하면 한국인들 모두가 거부할 것이다. 그런데 신기하게도 영국의 식민지였던 국가들은 이를 통해 여전히 관계를 유지하고 있다. 뿐만 아니라 영국의 식민지가 아니었던 국가들도 가입하고 있다. 1995년에는 모잠비크가 가입했고, 2009년에는 르완다가 들어왔다. 2022년에 회원국이 된 가봉과 토고는 프랑스의 식민지였던 나라다. 영연방으로 받아들이는 기준도 이상하다. 기본적으로는 민주주의 국가만이 회원국이 돼야 하는데, 르완나 같은 나라는 민주주의 국가가 아니다. 회원국 자격의 성격도 기준도 모호하다.

지극히 사적인 영국

2014년 스코틀랜드 글래스고에서 열렸던 코먼웰스 게임 마라톤 여자부 경기.
ⒸGetty Images

보통 영국인들이 '코먼웰스'의 존재를 느낄 때는 4년에 한 번 열리는 코먼웰스 게임(Commonwealth Games) 때다. 육상과 수영, 럭비, 론볼(lawn bowls), 넷볼(netball) 같이 '영연방'다운 경기들을 치르는 일종의 작은 올림픽이다. 국제축구연맹(FIFA) 때문인지 종목에 축구는 없다. BBC에서 중계를 해줘서 자연스럽게 알게 된다. 그 외에는 코먼웰스의 존재를 느끼기는 어렵다. 나처럼 군인 가족이라면 그나마 조금 접하기 쉬울 수 있다. 아빠가 중미에 있는 영연방 국가인 벨리즈로 파병을 가신 적이 있어서 기억이 난다.

코먼웰스가 유지되는 데에는 나름의 이유가 있다. 식민지였던 국가들 입장에서는 강대국이었던 영국의 우산 아래 들어가면 혜택이 있다. 코먼웰스 회원국 국민은 자국의 대사관이나 영사관이 없는 국가에서 영국 대사관의 지원을 받을 수 있다. 코먼웰스 회원국은 대부분 약소국이라 모든 나라에 대사관이나 영사관을 설치하기 어렵다. 이럴 때 영국 대사관의 도움을 받을 수 있다. 또한 코먼웰스 회원국 국민은 영국에 거주하고 있으면 투표권을 부여받는다. 영국인처럼 대우해 주는 것이다. 또한 회원국 간에는 비자 신청이 간소화되거나 면제되기도 한다. 영국이 회원국에 투자나 원조를 해 주기도 하고 때로는 특혜를 주기도 한다.

지극히 사적인 영국

코로나19 때 영국은 아스트라제네카 백신을 영연방 국가들에게 선공급하기도 했다.

영국 입장에서도 코먼웰스는 나름 중요하다. 특히 영국이 EU를 탈퇴한 이후로는 코먼웰스가 좀 더 중요해지는 추세다. 영국은 회원국들과 무역 확대를 원하고 외교적인 영향력도 넓히고 싶어 한다. 물론 영국 마음대로 되는 건 아니다. 회원국들은 영국에게 이민 조건을 낮추라고 요구하고 있는 실정이다.

사실 코먼웰스에 대해서는 비판 여론이 있다. 지금도 유지되는 식민 제도라는 것이다. 코먼웰스 수장국의 지위도 문제다. 코먼웰스 수장국은 영국 국왕으로 정해져 있지 않고 세습직도 아니다. 영연방 정상 회의(CHOGM)를 통해 수장을 지명하는데, 엘리자베스 2세가 즉위했을 때는 영국 왕이 수장이 되는 것을 반대할 이유가 없었겠지만 영국의 위상이 추락한 지금은 다르다. 사실 이 느슨한 국제기구는 여왕이 서거하면 사라질 거라고 생각한 사람도 있었다. 여왕이 살아 계실 때는 여왕에게 상처가 될까 봐 회원국들이 가만히 있었을 뿐이라고 말이다.

이런 것도 이상하다. 코먼웰스에는 영연방 왕국(Commonwealth realm)이라는 것도 있다. 영국 왕을 국가의 수장으로 삼는 나라들이다. 왕은 이 나라들에 자신을 대리하는 총독(Governor-general)을 파견한다. 캐나다, 호주, 뉴질랜드 같은 나라들이다. 민주주의 국가인데 다른 나라 국왕의 대리인이 국가 원수 노릇을 한다. 물론 총독들은 영국의 왕처럼 실질적으로 정치 권력을 행사하지 않는 게 관례다. 그러나 1975년에는 호주 총독이 독단으로 호주 총리를 해임한 적도 있었다. 영국에서 왕이 영국 총리를 해임했다면 왕실이 폐지됐을지도 모르는데 말이다.

코먼웰스 회원국들이 모두 영국과 친하게 잘 지내는 것도 아니다. 인도는 식민 지배에 대한 배상금을 요구하고 있고, 아프리카 등의 나라들은 노예 무역에 관해 보상을 요구하고 있는 실정이다. 영국 입장에서는 난감한 일이다. 진실한 사과는 당연히 해야 하지만 보상금을 지급하게 되면 제국을 건설했던 영국은 이를 감당하기 어렵다. 그렇게 되면 코먼웰스는 당연히 붕괴될 수밖에 없다. 제국과 피식민지 국가들이 과거사는 일단 접어 두고 서로 협력하자는 국제기구를 만들었지만 불씨는 아직 남아 있는 것이다. 이 애매함과 모호함이 영국이라는 나라를 상징하는 게 아닐까.

04.

내가 사과의 아이콘이 된 이유

"세계사에서 이상한 사건이 일어났을 때 영국을 찍으면 대충 맞는다"는 말이 있다. 세계사에서 좋지 않거나 나쁜 일이 벌어졌다면 그 배후에는 영국이 있다는 의미다. 이 말을 한국에 와서 처음 들었는데, 처음에는 이게 무슨 말인가 싶었다. 다른 나라 사람에게는 들어 본 적이 없는 말이었다. 그런데 한국에서 지내면서 점점 이 말의 의미를 알게 됐다. 가장 큰 영향을 준 것은 tvN의 〈벌거벗은 세계사〉다. 나는 이 프로그램에 단골로 출연했다. 많을 때는 1년 동안 13회까지 출연한 적도 있다. "다른 외국 패널들은 1년에 3~4회 정도 출연하는데, 나는 많이 출연하는 것 같다"고 외국인 친구에게 얘기했더니, 그 친구는 "영국은 제국주의 국가니

까. 여기저기 쑤시고 다녀서 그런 거야"라고 했다. 그 말을
들은 나는 '그건 미국이지!'라고 생각했다.

〈벌거벗은 세계사〉에 영국 관련으로 출연한 적도 많지
만, 아시아나 아프리카 국가들을 다룰 때 섭외된 적도 많
았다. 처음에는 '내가 왜 이 나라 관련으로 섭외되지?' 하고
생각했는데 출연하고 나서 그 이유를 알게 됐다.

첫 출연은 홍콩이었다. 영국이 아편 전쟁을 일으켰다는
걸 그때 처음 알았다. 나도 충격이 컸다. 내가 영국의 공식
대표는 아니지만 사과를 해야 했다. 그때부터 나는 '사과의
아이콘'이 됐다. 그러면서 작가에게 섭외 전화가 오면 "이
번엔 어느 정도예요?" 하고 묻게 됐다. PD도 "피터는 단골
VIP"라고 했다. 나는 프로그램에 출연해서 영국의 악행을
듣고, 반성하고, 사과했다.

다음은 내가 출연했던 목록 중 일부다. 아편 전쟁, 미국
독립 전쟁, 이스라엘과 팔레스타인 분쟁, 영국의 노예 무역,
산업 혁명, 블러드 다이아몬드, 파리 박람회, 로버트 무가
베, 싱가포르…. 이쯤 되니 영국이 전 세계에 손을 안 댄 곳
이 없다는 게 맞다.

몇몇 회차는 내 예상과 완전히 달라서 당황했다. '영국의
노예 무역' 편은 사실 '노예 무역'이라는 주제만 알고 출연

지극히 사적인 영국

Dear Lord Rothschild,

I have much pleasure in conveying to you, on behalf of His Majesty's Government, the following declaration of sympathy with Jewish Zionist aspirations which has been submitted to, and approved by, the Cabinet

"His Majesty's Government view with favour the establishment in Palestine of a national home for the Jewish people, and will use their best endeavours to facilitate the achievement of this object, it being clearly understood that nothing shall be done which may prejudice the civil and religious rights of existing non-Jewish communities in Palestine, or the rights and political status enjoyed by Jews in any other country"

I should be grateful if you would bring this declaration to the knowledge of the Zionist Federation.

y. in

Arthur James Balfour

현재 이스라엘과 팔레스타인 사이의 극한 갈등에 영국이 깊게 관여된 것을
증명하는 '밸푸어 선언'. 1917년 11월 2일 영국 외무장관인 아서 밸푸어는
영국 유대인 공동체 지도자인 월터 로스차일드에게 위 서신을 보내,
사실상 팔레스타인에 유대인 국가 건설을 전폭적으로 지지하겠다고 약속했다.

ⒸBritish Library

했다. 처음에는 영국이 앞장서서 노예제를 폐지했으니 칭찬받을 수도 있겠다 싶었는데, 프로그램에서 본 영국 노예무역선의 처참한 상태를 보고 부끄러웠다. 미국 '남북 전쟁' 편도 그랬다. 우리는 남북 전쟁이 노예 때문에 일어났다고만 알고 미국을 욕하고 있었는데, 알고 보니 그 노예를 영국이 공급했던 것이었다.

'로버트 무가베' 편은 짐바브웨의 역사를 다뤘는데, 영국 식민지 시절의 학살을 보고 충격을 받았다. 영국에서는 로버트 무가베를 완전 악당처럼 보도하고 있어서 그를 짐바브웨의 나쁜 지도자 정도로만 알고 있었는데, 식민지 시절의 참상을 보고 나니 영국인 입장에서 마냥 짐바브웨를 이상한 나라로만 볼 수는 없겠다는 생각이 들었다.

시에라리온의 '블러드 다이아몬드' 편은 제작진이 나를 섭외하면서 "영국인은 불편할 수 있다"고 신경을 많이 썼다. "영국이 아주 나쁘게 나올 것"이라고 했다. 나는 처음에는 시에라리온 이야기에 왜 영국이 연관되는지 의아했지만, 강의를 들으며 납득했다. 시에라리온 국가 형성과 지금 이 나라의 비극을 만드는 데 가장 큰 역할을 한 건 영국이었다.

〈벌거벗은 세계사〉를 하면서 영국이 칭찬받은 경우는 거의 없었던 것 같다. 그나마 '싱가포르' 편 정도가 나왔던 것 같다. 이 프로그램은 영국이 전 세계에 걸쳐 어떻게 나쁜 일을 했는지를 배우는 자리였다. 하지만 이런 걸 배울 수 있는 기회를 가지게 된 것도 다행이라고 생각한다. 아마 영국에서만 살았다면 역사를 배울 기회는 없었을 것이다. 교수님들의 강의를 듣고 배울 수 있어서 감사했다.

그렇다고 해서 내가 영국인인 것을 부끄러워하거나 자존감이 떨어지지는 건 아니다. 영국인이라서 이렇게 프로그램에 많이 참여할 기회를 얻게 된 것이다. 배우면서 돈도 벌 수 있으니 나야말로 고마울 따름이다. 여기엔 나의 특수한 배경도 한몫한다. 나는 혼혈, 즉 반은 영국인, 반은 한국인이니 이런 때는 영국인으로서의 정체성을 살짝 내려놓을 수 있다. 만약 어릴 때부터 한국을 오가며 다른 문화를 접해 보지 않았다면, 〈벌거벗은 세계사〉는 불쾌하고 거부감이 드는 프로그램이었을지도 모른다. 영국 역사에 대해 모르는 상태에서 이런 프로그램을 보면 나를 공격한다고 느꼈을 것이다.

만약 내가 영국에서 공부할 때 영국 역사의 이면을 알았다면 어땠을까 하는 생각도 해 봤다. 노예 무역이나 식민지 학살 이야기를 배웠다면 영국을 혐오하게 됐을지도 모른다. 영국에 대한 자부심을 가지기도 전에 싫어하게 됐다면 나는 영국인으로서 살 수 없었을지도 모른다. 어찌 보면 이런 이유 때문에 영국이 역사의 과오를 가르치지 않는 것 같기도 하다.

주변 외국인 친구들과 이야기하면, 한국에 살면서 모국을 더 잘 알게 됐고 애국심이 더 생긴다고 한다. 모국에서는 좋은 점만 보고 배우는데 한국에서는 안 좋은 면도 같이 알게 된다. 하지만 그 비판적인 시각도 포용하면서 모국을 더 제대로 이해하고 애정이 생긴다는 말이다.

나도 이 말에 동의한다. 학창 시절이었던 2003년 당시 영국에서 친구들과 '이라크 전쟁'을 주제로 말싸움을 한 적이 있었다. 워낙 친한 친구들이라 싸운 적이 없었는데, 그때가 처음이었다. 미국이 이라크에 대량 살상 무기가 있다면서 전쟁을 일으켰고, 영국은 예나 지금이나 그런 일에 빠지지 않으니 참전했다. 그때까지만 해도 우리는 '굿 가이'라는 믿음이 있었다. 그런데 나중에 알고 보니 이라크에는 대량 살상 무기가 없었다는 사실이 밝혀졌다. 친구 중에 어머니가 스코틀랜드 출신이고 아버지가 인도인인 무슬림인 친구가 있었는데, 이 사건 때문에 그 친구와 다퉜다.

나는 아빠가 군인이기도 해서 무조건 영국이 옳다고 생각했다. 무기가 있든 없든 사담 후세인은 나쁜 놈이고 자유의 적이라고 생각했다. 하지만 그 친구는 국가가 정의를 행한

지극히 사적인 영국

2004년 7월 이라크 남부 바스라 인근에 배치된 영국 육군. 이라크 전쟁을 기점으로 나는 정의로운 영국이라는 정체성에 대해 조금씩 의문을 품기 시작했다.

ⓒGetty Images

다면서 명분이 거짓이면 안 된다는 입장이었다. 나는 생각해 본 적이 없는 무슬림 쪽 입장을 그 친구가 이야기하는데, 겉으로는 그 친구에게 동의하지 않았지만 속으로는 조금씩 의문이 생겼다. 그때부터 영국이 영웅이라는 정체성이 조금씩 흔들리기 시작했던 것 같다.

그 뒤로 한국에 와서 영국이라는 나라가 어떤 역사를 가지고 있는지 더 잘 알게 됐다. 모든 역사를 배운 것은 아니지만, 영국이 어릴 때 생각했던 멋지고 완벽한 나라가 아니라는 사실은 확실히 알게 됐다. 하지만 나는 영국이 그래도 매력적인 나라라고 생각한다. 완벽한 사람은 없으니, 사람이 만든 국가 역시 완벽할 수는 없다. 나는 그렇게 영국을 존중하는 법을 배우게 됐다.

나와 엄청 친한 다른 친구는 16세 때 학교를 그만두었다. 우리 학교는 꽤 괜찮은 학교라서 이런 일은 드물었다. 그러더니 그 친구는 18세 때 우리 아빠에게 물어봐서 군인이 됐다. 그러고는 아프가니스탄에 두 번 갔다 오더니 무슬림을 혐오하게 됐다. 전쟁터에서 전우들이 죽어나가니 그렇게 바뀌어 버렸다. 그 친구를 보면 영국이 잘하고 있는지에 대해 의문이 든다. 그러나 이것 또한 내가 받아들여야 할 영국이다.

지극히 사적인 영국

05

영국인이 생각하는 전쟁과 식민 지배

외국인들이 영국을 역사적 관점으로 바라볼 때 전쟁과 식민 지배는 빼놓을 수 없는 주제다. 이런 부분이 영국인이 상상하는 영국과 외국인이 생각하는 영국 사이에 간극을 만드는 요소가 된다.

전쟁과 식민지는 떼려야 뗄 수 없다. 하지만 영국은 교육에서 전쟁을 비중 있게 다루는 반면, 식민지 역사에 대해서는 거의 가르치지 않는다. 최근 들어서야 식민지 역사를 다루려는 움직임이 조금씩 생기고 있지만, 내가 학교에 다닐 때는 배우지 않았다. 그래서 나와 비슷한 세대의 영국인들은 식민지에 대한 부정적인 면을 거의 알지 못한다. 이런 인식 때문에 외국인들은 불편하고 거부감이 들 것이다.

영국은 전쟁을 통해 제국을 확장한 나라다. 역사 수업 시간에는 영국이 치른 전쟁과 왕실 이야기가 대부분을 차지했다. 특히 20세기에 치른 두 차례 세계 대전에서 승리한 것은 영국인들에게 큰 자부심이다.

영국의 현충일이라 할 수 있는 리멤브런스 데이(Remembrance Day)는 1918년 11월 11일 제1차 세계 대전 종전을 기념하며 전몰장병을 추모하는 날이다. 이날을 '포피 데이(Poppy Day)'라고 부르기도 하는데, 전쟁터에서 핀 양귀비(poppy)가 희생을 상징하게 되면서 이를 기리기 위해 양귀비 배지를 달기 때문이다. 캐나다 출신 의사로 전쟁에 참전했던 존 매크레이(John McCrae, 1872~1918)가 1915년에 쓴 〈플랑드르 들판에서(In Flanders Fields)〉라는 시에서 전쟁터에 핀 양귀비를 묘사하면서 이 꽃이 상징으로 자리 잡았다.

리멤브런스 데이에는 매년 11월 11일 오전 11시에 2분간 묵념을 하고, 11월 두 번째 일요일에는 전국적으로 추모 행사가 열린다. 축구장도 예외는 아니다. 프리미어 리그 경기를 즐겨 보는 분들이라면 11월에 손흥민 선수가 유니폼에 양귀비 패치를 날고 경기를 뛰는 모습을 본 적이 있을 것이다.

처음에는 제1차 세계 대전 전몰자와 참전 용사를 기리는

지극히 사적인 영국

제1차 세계 대전 이후 사망한 군인과 민간인을 추모하는 리멤브런스 데이를
맞이해 웨스터민스터 사원 추모의 뜰에 놓인 양귀비꽃 십자가들. ⓒGetty Images

날로 시작했지만, 이후 제2차 세계 대전과 다른 전쟁의 참전 용사와 희생자까지 기리는 행사로 확대됐다. 아빠가 전역 후 자주 가셨던 왕립재향군인협회(Royal British Legion Club)는 제1차 세계 대전 이후 만들어졌는데, 리멤브런스 데이와도 관계가 깊다. 협회는 매년 양귀비 캠페인(Poppy Appeal)을 주관해 모금 활동을 하고, 모금액은 참전 용사와 그 가족들을 지원하는 데 사용된다.

영국의 리멤브런스 데이는 한국의 현충일에 비하면 성대하게 치러진다. 10월 말부터 11월 초까지 전국적으로 관련 행사가 열리고, 공적 행사로 추모 분위기를 이어 간다. 전쟁의 상처를 잊지 말자는 의미지만, 비판적으로 보면 이렇게 대대적으로 기념할 수 있는 것은 영국이 승리자가 됐기 때문일 것이다.

영국은 20세기까지 영웅의 나라였다. 교육과 사회의 분위기를 통해서 그런 인식이 형성됐다. 많은 영국인은 미국이 참전하지 않았어도 영국이 승리했을 거라고 생각한다. 세계 대전에 관해 영국은 미국에 크게 빚졌다고 생각하지 않는다. 미국은 늘 발을 빼고 관망하다가 자신이 공격당하고 나서야 참전했을 뿐이고, 영국은 정의의 편에 서서 먼저 싸웠다고 인식한다.

영국에서 윈스턴 처칠은 거의 이순신 장군과 세종대왕을 합친 듯한 위인으로 평가된다. 그가 식민주의자였고 인종 차별 발언을 했으며 제1차 세계 대전 당시 갈리폴리에서 수많은 병사를 희생시켰다는 어두운 면은 배우지 않는다. 오히려 히틀러로부터 영국과 유럽을 구한 영웅으로 기억된다.

이런 분위기 속에서 식민 지배의 어두운 면은 가려진다. 많은 영국인들은 영국이 식민지들의 발전에 기여했다고 생각한다. 프랑스는 식민지를 착취하고 엉망으로 운영했지만, 영국은 통치 시스템을 남겨 지금도 옛 식민지 국가들이 이를 잘 활용하고 있다고 믿는다. 내가 어릴 때는 우리가 인도나 아프리카 발전의 초석을 마련해 줬다고 하는 말이 많이 돌았다. 그렇지 않았다면 이들 나라의 발전이 훨씬 늦었을 거라고 보는 사람도 적지 않았다. 우리 입장에서 식민 지배를 정당화한 해석이다. 결과적으로 식민지에 기여한 부분이 있기는 하지만, 나쁜 짓을 하다가 생긴 좋은 부작용으로 보는 게 맞을 것이다.

한국인들에게 민감한 주제인 일본의 식민 지배에 대해서도 영국인 다수는 무지하다. 일본이 한국을 식민 지배했다는 사실조차 모르는 이들이 많고, 알고 있어도 일본이 영국처럼 일정 부분 도움을 줬을 것이라고 생각하는 경우도 있

1858년 영국 〈일러스트레이티드 런던 뉴스〉에 소개된 영국인 식민 지배자의 '가벼운 아침'. ⓒGetty Images

다. 심지어 조선이 과거 중국에 조공을 바쳤다는 점을 들어 한국은 역사를 통틀어 지속적으로 식민지 상태였다고 오해하는 경우도 있다. 이는 동아시아의 국제 관계를 이해하지 못하고, 영국 식민 지배의 부정적 면을 배우지 않은 데서 비롯된 섣부른 판단이다.

나 역시 한국에 오지 않았다면 홍콩 반환을 아쉬워하고, 인도에 남아 있는 영국식 제도를 자랑스러워하는 일부 영국인과 비슷한 생각을 했을 것이다. 그러나 한국에 와서 일본의 식민 지배와 그 폐해를 알게 되면서 생각이 달라졌다. 다른 나라의 역사를 모르는 상태로 쉽게 판단하는 것이 얼마나 위험한지 깨달았다. 그러나 여전히 많은 영국인들은 무지에서 비롯된 선입견으로 타국을 평가하곤 한다. 만약 그런 이들을 만나면 감정적으로 대하기보다 차근차근 설명해 주길 바란다.

06

브렉시트,
'영국 예외주의'가 만들어 낸 참사

영국이 브렉시트(Brexit)를 결정했을 때 한국에서는 이를 이해하지 못하겠다는 반응이 많았다. 영국이 왜 EU에서 탈퇴하려는지 영문을 모르겠다는 것이었다. 나는 영국의 브렉시트를 반대하는 입장이었지만, 언젠가는 영국이 EU를 떠날지도 모른다고 생각하고 있었다. 그렇게 생각한 이유는 영국이 EU의 진정한 일원처럼 느껴지지 않았기 때문이었다.

한국인들은 당연히 영국이 유럽에 속한다고 생각한다. 지리적으로나 역사적으로나 그렇게 보이는 게 타당할 것이다. 그런데 영국인들의 인식은 다르다. 예를 들어, "한국인들은 아시아인인가?"라는 질문에 "아니오"라고 답할 한국인은 거의 없을 것이다. 일본인에게 아시아인이냐고 물어

2016년 6월 24일 영국 국민 투표에서 EU 탈퇴가 결정됐다는 사실을
곧바로 알린 영국 신문들. ⓒGetty Images

도 마찬가지일 것이다. 그런데 영국인들에게 "당신은 유럽인인가?"라고 묻는다면 "그렇다"고 대답할 영국인은 많지 않다.

2014년 '영국 사회 태도(British Social Attitudes)' 조사에 따르면, 영국인들 중 "다른 유럽 국가들보다 자신이 덜 유럽적이라고 생각하느냐"는 질문에 대해, 영국인의 64퍼센트가 그렇다고 답해 압도적인 1위를 기록했다. 2위는 그리스(51퍼센트), 3위는 아일랜드(43퍼센트)였고, 폴란드(42퍼센트), 프랑스(36퍼센트), 독일(25퍼센트)로 이어진다. 유럽 문화의 근본이라고 할 수 있는 그리스보다도 더 많은 영국인들이 유럽과는 다르다고 여긴다는 점이 인상적이다.

통계에서도 알 수 있듯이 영국인들은 스스로를 특별하다고 생각한다. '영국 예외주의(British exceptionalism)'로 불리는 이런 인식은 한마디로 영국은 유럽과는 다른 특별한 나라라는 생각이다.

영국은 유럽 대륙의 일부가 아니라 섬나라로서 독자적인 역사를 발전시켜 왔고 정치나 법 체계도 다르다. 세계를 호령하는 제국을 운영했고, 세계 대전에서 유럽은 독일에게 패배했지만 영국은 승리했다는 역사도 있다. 여기에 영국에는 축구도 있다! 지리적으로나 역사적으로나 문화적으로나 유럽과는 다르다는 인식 체계가 영국 예외주의의 핵심이다.

사실 '자신들이 특별하다'는 인식은 어느 나라에나 존재한다. 한국도 그렇고, 중국, 미국도 마찬가지다. 그런데 영국은 이런 자부심이 너무 강한 나머지 앞뒤를 가리지 않고 그것을 내세울 정도가 됐다. 브렉시트가 바로 그것이다. 영국은 유럽 없이도 잘해 왔고 위대한 나라인데 굳이 EU에 목맬 필요가 없다는 인식이다. 게다가 EU의 핵심 국가는 프랑스와 독일이다. 영국이 깔보고 싫어했던 나라들이 만든 체제에 영국이 들러리를 서는 게 못마땅하다는 감정이 깔려 있다. 그래서 영국은 EU에 동화되기를 거부했다. 유로화를 쓰지 않고 파운드를 고집했던 것도 같은 맥락이다.

아이러니하게도 과거 영국에서 상류층들은 대체로 유럽을 동경했다. 예전에는 왕실에서 프랑스어를 쓰기도 했고, 유럽의 지식과 문화를 받아들여야 한다는 인식이 있었다. 유럽은 '더 콘티넨트(The Continent, 유럽 대륙)'로 불렸고, 영국이 지향해야 할 곳이었다. 반면에 노동자 계층을 비롯한 중하위 계층이 이런 선진 문물을 모른다면서 은근히 무시하기도 했다. 이런 인식이 지금도 일부 이어지고 있다. 상류층들은 파리나 로마에 가서 문화를 향유하지만, 서민들은 저렴한 남스페인의 관광지에 가서 놀고 온다는 이미지가 있다. 서민들은 박물관에 가지 않고 영어만 해도 되는 영국인 대상 관광지에서 맥주나 마시고 온다고 보는 것이다.

그런데 지금은 정치 지도자급의 엘리트들 중에서도 영국과 유럽은 다르다면서 브렉시트를 지지하는 주장하는 그룹이 생겼다. 주로 보수 쪽 정치인들이 이를 주도했고, 결국 EU 탈퇴가 현실이 됐다.

영국 예외주의를 상징하는 문장이 있다.

"Europe was created by history. America was created by philosophy. Britain must never forget it created both(유럽은 역사에 의해 만들어졌고, 미국은 철학에 의해 만들어졌다. 영국은 이 두 가지를 모두 만든 나라임을 결코 잊어선 안 된다)."

SNS에는 이 발언을 대처 수상이 했다고 알려져 있는데, 대처 수상은 이 말을 한 적이 없다. 인터넷상에서 유명인의 이름을 달고 나오는 그럴 듯한 명언이다. 그럼에도 불구하고 영국의 우월감을 제대로 드러냈기 때문인지 사람들은 이 문장을 대처 수상이 한 발언으로 믿고 인용한다. 내용을 뜯어 보면 실제로 대처 수상이 했을 법한 말처럼 보이는 것도 사실이다.

이 문장은 "유럽은 공유된 역사에 의해 형성됐고, 미국은 민주주의와 자유라는 철학으로 건국됐으며, 영국은 이 모두를 만들어 낸 나라"라는 의미다. 한마디로 영국은 격이 다른 위대한 나라라는 자부심이 드러나는 말이다.

실제로 영국인들은 자부심과 우월감이 강한 편인 것 같다. 특히 외국에 나갔을 때 드러난다. 대부분의 나라에서는 영어를 하면 관광을 하는 데 큰 문제가 없다. 여기에 영국식 영어를 하면 사람들이 좋아해 준다. 이런 경험을 하면서 영국은 더 특별하고 우월하다는 생각을 하게 되는 것 같다.

하지만 현실은 달라졌다. 오늘날 세계는 영국을 과거처럼 강대국으로 보지 않는다. 현실과 인식 속의 영국이 다르다는 점을 아직 깨닫지 못한 면이 있다. 영국은 특별하다는 생각을 고수하다가 브렉시트로 이어졌다. 경제적으로나 정치적으로나 브렉시트는 영국에 이득이 될 게 없다. 국경이 생기고, EU라는 단일 시장에서 탈퇴하면서 인적·물적 교류에도 제약이 생겼다. 과거의 제국이었다면 감당할 수 있었을지도 모르지만, 지금의 영국은 예전 같지 않다. 과거의 영광에서 벗어나지 못한 채 결정한 브렉시트는 결국 많은 이들에게 후회를 남기고 있다.

2018년 6월 24일 영국 내 브렉시트 반대자들이 인도 위에 놓은 배너. "브렉시트가 교육을 망쳤다"는 문구가 눈에 띈다. ⓒGetty Images

2025년 1월 유고브(YouGov) 여론 조사에 따르면, 응답자의 55퍼센트가 브렉시트에 대해 '잘못된 결정'이었다고 답했고, '옳았다'는 응답은 30퍼센트에 그쳤다. 2016년 브렉시트 국민 투표 당시 EU 탈퇴 찬성이 51.9퍼센트였던 것과 비교하면 여론은 분명히 바뀌었다.

영국이 언젠가 EU에 다시 가입할 수 있을까? 솔직히 잘 모르겠다. EU도 영국을 신뢰하기 어려울 것이다. 《지극히 사적인 프랑스》를 쓴 오헬리엉 루베르 교수는 브렉시트를 한 영국을 '전갈과 개구리'라는 우화에 비교했다. 우화의 내용은 다음과 같다.

전갈이 개구리에게 강을 건너게 해 달라고 하자 개구리는 전갈이 독침으로 찌를까 봐 걱정한다. 전갈은 그러면 자기도 강에 빠져 죽게 되니까 걱정하지 말라고 안심시킨다. 개구리는 이를 믿고 전갈을 태우고 강을 건너지만, 강을 중간쯤 건넜을 때 전갈이 갑자기 개구리를 독침으로 찔러 버린다. 둘 다 빠져 죽게 되자 개구리가 전갈에게 이유를 물었다. 전갈은 이렇게 대답했다. "나는 전갈이고 그게 내 본성이야."

여기서는 전갈이 영국이고, EU가 개구리다. 브렉시트를 해 버린 상황에서는 이런 비유를 당해도 할 말이 없다. 실제로 영국인들의 인식이 바뀌지 않는 한, EU에 복귀해도 같은 일이 또 반복될지 모른다.

07.

거만한 프랑스,
쿨하지만 재미없는 독일

영국인들은 프랑스인을 '프로그(frog, 개구리)'라고 부른다. 프랑스인은 '개구리나 먹는 애들'이라는 의미다. 영국인이 음식으로 다른 나라를 비꼬는 건 어처구니없다는 사람도 있겠지만, 영국인들은 맛없는 음식을 먹을지언정 개구리를 먹지는 않는다.

어느 나라나 그렇듯이 옆 나라와는 사이가 좋기 어렵다. 영국인들은 프랑스인들을 좋아하지 않는다. 역사적으로도 항상 싸워 왔고 상대에 대한 편견도 강하기 때문이다. 프랑스인에 대해 가진 가장 큰 편견은 그들이 너무 거만하다는 것이다.

영국인들 중 일부는 프랑스인에게 다소 거리감을 느끼는

경우가 있는데, 이는 대체로 언어 장벽에서 기인한다. 해외에서도 영어가 널리 통할 거라는 기대가 자연스럽게 자리 잡고 있는 경우가 많기 때문이다. '독일, 네덜란드, 북유럽에서도 영어가 다 통하는데 가장 가까운 나라인 프랑스에서는 왜 안 될까?'라고 생각한다. 그만큼 영어가 세계 곳곳에서 통용되는 환경에 익숙해서다.

잉글랜드 바로 옆에 있는 웨일스에서는 간판이 웨일스어로 적혀 있다. 영어로 표기되지 않은 간판이 많다. 웨일스어는 모음이 거의 없이 자음만 표기된 것처럼 보이는 경우가 많아서 잉글랜드 사람은 어떻게 읽어야 할지 감을 잡기 어렵다. 웨일스어는 아예 다른 언어다. 그럼에도 불구하고 웨일스에서는 영어를 더 많이 쓰고 100퍼센트 소통할 수 있다. 잉글랜드 사람은 웨일스를 포함해 다른 유럽 나라를 보며 이렇게 생각한다. '나는 다른 나라 인사말은 몰라도 프랑스어 인사말(bonjour)은 아는데, 왜 프랑스인들은 영어를 못 하는 거지?'

한국인들은 도대체 이게 무슨 소리인가 싶을 것이다. 영국인들에게는 외국에서 모국어가 통하지 않을 수 있다는 개념이 없어서 그렇다. 영어가 세계 공용어처럼 쓰이고 있고, 보통 영국인들은 해외에 나갈 때 관광지를 많이 가니

언어 때문에 불편함을 느낄 일이 없다. 그러다가 프랑스에 가면 벽에 부딪힌다.

영국인들은 프랑스인들이 사실은 영어를 할 줄 알면서도 모르는 척한다고 생각한다. 우리는 옆 나라라서 프랑스에 많이 놀러 가는데, 관광객이고 손님인 우리를 너무 무시한다고 보는 것이다. 프랑스어가 아니면 상대해 주지 않고, 심지어 "yes", "no" 같은 간단한 대꾸도 안 해 준다. 영어로 물어보면 프랑스어로 뭐라고 하는데 알아듣지 못하니 무시당하는 느낌을 받는다.

영국인으로서 외국에 나갔을 때 가장 큰 수혜는 영어다. 영어 덕분에 우리는 일종의 특혜를 받고 조금은 우월감도 가지게 된다. 영어가 모국어가 아닌 나라 사람들이 영어를 나보다 못하는 건 당연한데도 자기도 모르게 자부심이 생긴다. 영어를 잘해서 좋겠다며, 영국 영어를 한다며 칭찬해 주면 어깨가 으쓱한다. 그러나 프랑스에는 이런 우월감이 통하지 않는다. 나도 모르게 작아지고 쪼그라드는 느낌을 받고, 자존심에 알게 모르게 상처를 입게 된다. 이런 경험을 하면서 프랑스를 더 싫어하게 된다.

나도 이런 편견을 가지고 있었다. "영어를 할 줄 알면서도 못 알아듣는 척하다니. 치사한 놈들!" 한국에서 만난 프

프랑스 보르도의 전통 시장을 방문하는 영국인들은 이렇게 생각할 것이다.
'이 사람들은 왜 영어를 못 하는 척할까?' ⓒGetty Images

랑스 친구도 영국인들이 이런 편견을 가지고 있다는 것을 알고 있었다. 그런데 그 친구의 이야기는 내가 가진 편견과는 전혀 달랐다. 그 친구는 프랑스인이 영어를 알면서도 모르는 척한다는 이야기에 상당히 억울해했다. 일단 "프랑스인들 중 십중팔구는 영어를 할 줄 알면서 모르는 척하는 게 아니라 진짜 모른다"고 했다. 그러고는 나머지 사람들이 프랑스어로 응대하는 것은 사실 "영어를 했는데 프랑스어처럼 들렸을 가능성이 높다"고 했다. 그러면서 "프랑스인들이 왠지 모르겠지만 다른 유럽 국가들 중에서는 영어를 못하는 편이 맞긴 하다"고 했다.

나도 성인이 된 후 여러 지식을 습득하면서 프랑스인의 입장은 어느 정도 이해할 수 있게 됐다. 다른 유럽 사람들에 비해 프랑스인들은 영어에 대한 관심이 적은 편이다. 영어가 국제 공용어라고 하지만 그 이전의 공용어는 프랑스어였고, 프랑스인들은 프랑스어에 대한 자부심이 강하다. 영국 왕실이나 러시아 상류층 등에서는 원래 프랑스어만 썼던 시기도 있었다. 프랑스인이라면 영어보다는 프랑스어가 더 대단하다고 생각할 수도 있겠다 싶었다. 사실 영어도 프랑스어의 영향을 많이 받은 언어다. 그러나 일반적인 영국인들은 이런 맥락을 전혀 알지 못한다. 그래서 프랑스인들에게 화가 나 있다.

나는 언어에 관한 오해는 어느 정도 풀었지만 여전히 프랑스인들을 좋게 볼 수는 없다. 프랑스인들은 음식에 대해서도 너무 거만하다. 영국 음식을 너무 무시한다. 프랑스인이 토마토소스를 무시하는 한 나도 프랑스를 좋게 볼 수 없다!

독일에 대해서는 다른 나라 사람들과 비슷한 편견을 가지고 있다. 딱딱하고 효율과 정확성을 추구하는 사람들이라 자동차나 기계를 잘 만들지만 유머 감각은 전혀 없는 사람들. 그리고 소시지와 맥주를 좋아하는 사람들. 그런데 독일은 맥주를 정말 잘 만든다. 영국도 맥주를 좋아하지만 독일은 차원이 다른 것 같다.

어찌 됐든 독일도 영국인의 조롱에서 벗어날 수 없다. 일단 독일인은 '크라우트(kraut)'라고 부른다. 독일의 양배추 절임인 자우어크라우트(Sauerkraut)에서 따와서 놀리는 의미로 쓴다. 자우어크라우트는 발효 음식이라 냄새가 나는데, 이걸 가지고 놀리는 것이다. 영국이 음식으로 다른 나라를 놀리거나 조롱하는 게 이상해 보일 수 있는데, 어쩔 수 없다. 한국에 오지 않았다면 영국 음식에 대한 평가를 몰라서 더 마음이 편했을 것이다.

영국인들마다 다를 수는 있겠지만, 독일을 보면 복잡한 감정이 든다. 독일의 제조업과 기계 공업이 발전하면서 영국의 제조업 회사들이 망하거나 독일로 인수됐다. 롤스로이스나 미니 같은 기업들을 독일 회사에서 인수하는 것은 아쉽고 인정하기 싫었지만, 한편으로는 다행이라는 생각도 들었다. 독일은 자동차를 잘 만드는 나라니까 더 발전할 수 있겠다는 생각이 들었다. 식민지부터 제조업 브랜드까지 계속 무엇인가를 잃거나 빼앗기는 데 익숙해져서 그런 것인지, 속상하지만 독일로 넘어간 회사들이 잘되기를 바랐다.

한국인들은 두 차례의 전쟁으로 얽혀 있는 영국과 독일 사람들이 만나면 어떻게 지내는지 궁금해한다. 두 나라 사이에 별 문제는 없다. 내 경험으로는 독일 사람과 만났을 때 보통은 독일 쪽이 축구로 먼저 긁는다. "우리는 월드컵 4회, 유로 3회야." 그러면 우리는 이렇게 대답한다. "월드컵 1회, 세계 대전 2회(One World Cup and Two World Wars)."

잉글랜드의 유일한 월드컵 우승은 1966년이었는데, 그때 결승 상대는 독일이었다. 그리고 두 차례의 세계 대전에서 영국은 모두 독일을 패전국으로 만들었다. 축구 얘기에 전쟁까지 끌고 오는 건 좀 볼품없긴 하지만 우리가 할 수

잉글랜드의 유일한 월드컵 우승인 1966년 월드컵. 사실 잉글랜드에서 열린, 주최국 프리미엄이 없지 않았던 월드컵이었다. ⓒGetty Images

있는 게 이것밖에 없다. 그러면 독일 사람들도 쿨하게 받아 준다. 히틀러 이야기를 꺼내도 타격을 안 받는다. 히틀러가 광인이고 잘못했다고 인정한다. 전쟁이고 뭐고 월드컵 우승이 더 기분이 좋아서 그런가? 더 할 말이 없어진다.

지극히 사적인 영국

08

영국의 속도

한국에서는 단군부터 시작되는 민족의 역사를 알려 주는데 영국에서는 그런 정체성을 알려 주는 교육이 없다. 그럼에도 불구하고 자연스럽게 나는 잉글랜드 사람이라고 생각했고, 한국에 와서는 나의 국적인 영국인으로 살아가고 있다.

그런데 생각해 보면 나는 엄마가 한국인이라서 다른 친구들보다는 내 정체성을 좀 더 빨리 알게 된 것 같기도 하다. 사실 내가 어렸을 때는 엄마가 인종 차별을 받기도 하셨다. 그때는 영어 구사가 서투르셨을 시기인데, 아빠는 파병 때문에 자주 집을 비우셨고 달리 의지할 데도 없어서 영어도 상대적으로 빨리 늘기가 어려웠던 환경이었다. 엄마가 놀이터에 앉아 계시면 아이들이 "중국인 꺼져라" 하면서 돌을 던지기도 했다. 그러면 엄마는 그냥 자리를 피하셨다. 그러고는 집에 오셔서 "이곳이 무섭다"며 펑펑 우시기도 했다.

　나는 엄마가 힘들어하시는 걸 보고 '엄마가 한국인인 게 나한테 별로 안 좋은 건가?' 하는 생각도 해 봤다. 엄마를 보면서 나는 한국계 혼혈 영국인이라는 사실을 자각했던 것 같다. 만약 아빠가 항상 집으로 퇴근할 수 있는 직업이었다면 또 달랐을지 모른다. 주변의 혼혈 친구들을 보면, 대부분 자신을 그저 영국인이라고 생각한다.

　나는 한국과 영국을 오가면서 영국이 어떤 나라인지를 조금씩 알게 된 것 같다. 두 나라의 가장 큰 차이점은 변화의 속도다. 영국은 변화가 느리다. 내가 살았던 동네는 30년 전이나 지금이나 변한 게 별로 없다. 하지만 한국은 30년 전에 있었던 가게를 찾기 어렵다. 심지어 건물이 사라진 경우도 있다.

　가장 큰 변화는 경제 성장이다. 세계은행 자료를 보면 내가 태어난 해인 1983년에 한국의 GDP는 약 877억 달러, 같은 해 영국은 약 4,615억 달러였다. 2022년에는 한국이 약 1.6조 달러, 영국은 약 3조 달러다. 영국이 한국보다 경제 규모는 두 배 정도지만 구매력 평가 지수를 기반으로 한 1인당 GDP는 영국이 5만 5,210달러, 한국이 5만 1,070달

쉽게 변하지 않는 영국의 동네. ⓒGetty Images

러가 됐다. 규모로 보면 영국도 성장했지만 한국은 불과 40년 만에 영국을 따라잡은 것이다.

영국인들은 이런 변화를 실감하지 못한다. 영국이 쇠퇴하고 있어서인지 언론에서 경제 규모 관련 수치나 랭킹 같은 건 잘 보도하지 않는데다, 외국에 나가지 않으면 무엇이 어떻게 변하고 있는지 알지 못하기 때문이다. 그런 면에서 한국과 영국이 얼마나 달라졌는지 나만큼 직접 체감해 본 영국인은 그리 많지 않을 것 같다.

나는 어릴 때부터 엄마 때문에 한국에 자주 왔다. 1~2년에 한 번 정도는 오갔던 것 같다. 그럴 때마다 한국은 너무 많이 변해 있었다. 나에게 한국이 얼마나 변했는지 확인하는 기준점은 이모였다. 내가 한국에 갈 때면 이모네 집은 거의 매번 바뀌어 있었다. 이사할 일이 거의 없는 영국과 달리 이모네 집은 계속 업그레이드됐다. 처음에는 빌라 같은 작은 집에서 사셨는데, 이모부는 돈을 벌러 사우디아라비아에 가셨다고 하더니만, 그다음 방문 때는 아파트로 집을 옮기셨다. 1990년대쯤에는 서울의 부촌으로 유명한 동네의 고급 아파트에 살고 계셨다.

내 기억으로는 엘리베이터도 아마 한국에서 처음 타본 것 같다. 영국에는 고층 건물이 별로 없어서 엘리베이터를 탈

지극히 사적인 영국

일이 별로 없었는데 예전 이모네 아파트에 엘리베이터가 있었다. 아마 삼풍아파트였던 것 같다. 이모네 자동차도 포니에서 르망을 거쳐 그랜저로 업그레이드됐다. 이모는 2000년대 초반 분당 소재 아파트에 전세로 들어가셨는데, 그때 분당에 아파트를 사지 않으신 걸 지금도 후회하고 계신다.

내가 한국의 발전을 체감하게 된 결정적인 계기는 인천공항이다. 김포공항은 국제선이라고 하기에는 초라했는데 인천공항은 히드로공항과는 비교도 할 수 없을 정도로 최첨단 공항이었다. 한국의 국력을 느끼게 해 주는 장소라고 할까. 그때쯤부터 사실상 영국과 한국이 교차점에서 만났다는 실감이 들었다.

한국이 발전하면서 영국 친구들은 점점 나를 대할 때 점점 짜증을 내기 시작했다. 한국에 다녀오면 워낙 자랑을 하고 다녀서다. 내가 어릴 때는 친구들에게 내세울 게 "우리 가족은 화목해. 따뜻한 가족이야!" 이런 것밖에 없었는데, 언젠가부터는 한국에 다녀오면 신문물을 전파하는 선구자가 된 느낌이었다. 특히 전자 제품이 그랬다. 1990년대 후반에서 2000년대 초반 용산 전자 상가는 미래의 물건이 돌아다니는 도시였다. 여기서 MD플레이어를 샀는데 그야말로 신세계였다. 친구들에게 MD플레이어를 보여 주고 한국에서는 다들 이런 걸 가지고 다닌다고 하면 친구들은 믿지 않았다. 당시 영국에는 꽤 잘사는 사람이 아니면 구경도 못 하던 물건이었다.

한국에선 삐삐부터 핸드폰까지 나오기만 하면 사람들이 모두 가지고 다녔지만 영국에서는 그렇지 않았다. 무엇이든 받아들이는 게 느렸다. 그보다는 아예 정보 자체가 없었다고 하는 게 맞을 것 같다. 2004년쯤 한국에서 PC방을 다녀온 다음에 친구들한테 말했을 때도 이해해 주는 친구는 거의 없었다. 당시 영국에는 PC로 이메일을 보낼 수 있는 서비스를 제공해 주는 곳이 다였는데, 한국에서는 친구들과 같이 모여서 인터넷으로 스타크래프트를 한다고 하니 나를 상대해 주려고 하지 않았다.

2005년에 한국에 갔을 때는 택시에 내비게이션이 다 달려 있었다. 당시 내비게이션은 영국에선 구경하기도 힘들었고, 있다고 해도 화면이 작아 사용하기 불편한 물건이었다. 한국에서 유행하는 첨단 기기나 IT 트렌드는 영국에서는 다른 나라가 아닌 '다른 세계'의 이야기였다.

이렇게 영국에 있다가 한국에 오면 '이곳이 미래다'라는 느낌이 들었다. 영국에서는 구경은커녕 있는지조차 몰랐던 물건들이 한국에서는 낭연하게 사용되고 있었으니 갈 때마

런던에 위치한 하이드 파크. 나이를 먹으니 변화의 속도가 느린 영국이
그립기도 하다. ⓒGetty Images

다 충격을 받았다. 이런 충격을 영국 친구들에게 전하려고 하면 이야기가 통하지 않았다. 이해할 수 없는 이야기만 하는 내게 친구들은 점점 짜증을 냈고, 나도 결국은 자랑질을 자제하게 됐다. 그러면서 한국은 매력적인 나라라는 생각을 하게 됐다.

몇 년이 지나도 변하는 게 없는 영국에 비해 한국은 눈이 돌아가게 변하고 있었다. 현란한 변화의 가속도에 빨려 들어갈 수밖에 없었다. 서울의 고층 빌딩 숲과 강남 거리의 LED 스크린 같은 휘황찬란한 도심의 풍경은 젊은 친구들을 빠져들게 했다. 지금도 한국에서 살고 있는 젊은 외국인 친구들은 변화의 속도에 매료된 친구들이 많다. 내게도 한국은 매혹적이었고, 그래서 한국에서 살 결심을 하게 됐다.

그런데 한국에서 살면서 나이를 먹고 보니 이제는 다시 영국으로 눈이 간다. 세상에서 가장 빠르게 변하는 도시를 즐기려면 그만큼 나도 빨리 달려야 한다. 그런데 지금은 그런 에너지를 내기가 점점 버거워진다. 이제는 변하지 않는 것들이 마음을 붙잡는다. 엑셀레이터에서 발을 뗐을 때 보이는 풍경의 매력에도 눈을 떴다고 할까. 잔잔하고 평온한 영국의 속도에도 마음이 가고 있다. 그러면서 새삼 나는 영국인이라는 것을 느끼게 됐다.

PART II.

누가 영국인인가

01.

영국인의 정서를 담은 표현,
"Keep Calm and Carry On"

내가 생각하는 영국인의 정서를 한마디로 표현하자면 "침착하게 계속하라(Keep Calm and Carry On)"다. 이 말은 제2차 세계 대전과 관련이 있다. 전쟁 때 영국 정부는 국민에게 여러 가지 프로파간다 문구를 만들어 배포했다. 대표적인 게 "당신의 용기, 쾌활함, 결단력이 우리에게 승리를 가져올 것이다(Your Courage, Your Cheerfulness, Your Resolution will Bring Us Victory)" 같은 포스터다. 독일이 영국을 공습할 게 확실한 상황에서 국민들의 사기 진작을 위해 만들고 배포했다.

"침착하게 계속하라"라는 문구의 포스터도 당시에 제작됐는데, 245만 장을 인쇄했지만 실제로 배포되지는 않았다고 한다. 그런데 이 포스터가 2000년에 바터 북스(Barter

바터 북스에서 발견된 'Keep Calm and Carry On' 포스터.
ⓒWikipedia

Books)라는 서점에서 발견되면서 이슈가 됐다. '조용히 참고 일상을 계속하라'는 의미를 담고 있는 이 메시지가 영국인이 일상을 대하는 태도와 맞물려서인지 세계적으로 영국인을 상징하는 문구가 된 것이다.

영국인들은 선진국 국민들이라고 하기에는 검소하고 금욕적이다. 내가 영국인의 이런 특성을 알게 된 것도 한국 덕분이다.

엄마의 '브리티시 드림'은 홍콩에서 영국으로 왔을 때 끝났다. 군에서 런던 외곽에 있는 관사를 받았는데, 말 그대로 코딱지만한 집이었다. 관사는 비용 절감을 위해 싸게 지은 집이라 상태가 좋지 않았다. 돈이 쪼들릴 정도까지는 아니었지만 아껴 써야 했다. 그런데 이런 생활이 영국에서는 그리 이상한 일이 아니다. 한국인들은 영국을 선진국으로 알고 있어서 영국인들이 풍요롭게 살았을 거라고 생각하는데 그렇지 않다. 1940년대생인 아빠와 1950년대생인 엄마 이야기를 들어 보면, 엄마가 오히려 잘 먹고 잘살았다(참고로 내 외할아버지는 의사셨다).

제2차 세계 대전 이후 영국 사람들은 더 이상 영국이 강대국이 아니라고 느꼈다. 계속해서 식민지를 잃어 가고 있었고, 평범한 국민들이 부유해진 것도 아니었다. 인내하고 절약해야만 살아갈 수 있었다. 그러다 보니 영국인들은 "Keep Calm and Carry On"이라는 문구가 세상에 나왔을 때 크게 공감했던 것 같다. 이 문구가 인기를 얻으면서 패러디나 밈처럼 소비되기도 한다. 코로나19 때는 "Keep Calm and Wash Your Hands(침착하게 손을 씻으세요)"라는 문구가 영국 지하철 역에 게시되기도 했다. 영국은 이런 분위기다. 인내하고 견디는 게 당연하다. 그러다 보니 큰 변화를 바라지도 않는다.

그런데도 영국인으로서 자부심은 있다. 내 경험에 비추어 보면 그 자부심은 과거로부터 나온다.

엄마도 영국에서는 외국인이었으니 나를 데리고 주요 관광지를 많이 다니셨는데, 그 덕분에 유명한 곳을 또래보다 빨리 가 보게 됐다. 대영박물관, 자연사박물관, 버킹엄궁, 윈저성을 가 보면 저절로 자부심이 생긴다. 박물관에서는 영국이 잘나가던 시절 (다른 나라에서 가져온) 유물을 보면서 자랑스러워하고, 버킹엄궁에는 방이 800개나 된다고 해서 감탄했다. 윈저성을 보러 갔을 때는 "유럽에서 제일 큰 성이래! 엄청 큰네 중세부터 어떻게 유지했지? 우리나라 대단하다" 하며, 가슴이 벅차올랐던 기억이 난다. 여기에 세계적으로 존중을 받는 여왕과 뭔가 멋있어 보이는 왕실 행사

지극히 사적인 영국

영국인으로서의 자부심을 느끼게 했던 대영박물관. ⓒGetty Images

등을 보면 없던 애국심도 생길 정도다.

그러면서 한계도 느꼈다. 부모님을 따라서 켄싱턴 쪽의 쇼핑 거리나 해러즈(Harrods) 백화점에 간 적이 있는데, 엄마는 외국인 관광객 입장으로 가시는 거라 별 생각이 없으셨지만, 아빠는 해러즈 백화점에 갈 때는 긴장하셨다. 아빠는 우리 같은 '평민'들이 갈 만한 곳이 아니라고 느끼셨던 것

런던에 위치한 해러즈 백화점에 들어가서 마음이 편안하지 않다면 "Keep Calm and Carry On" 하며 살아가야 한다. ⓒGetty Images

같다. 그곳은 어린 내가 보기에도 차원이 다른 곳이었다. 온갖 명품들이 가득했고, 들어가려면 드레스 코드도 맞춰야 했다. 구멍 난 청바지나 반바지, 운동화를 착용하고 들어가면 안 되는 곳들이었다. 영국에서 부자가 되면 정말 좋겠다는 생각을 처음으로 하게 됐다. 그럴 수 없다면 "Keep Calm

지극히 사적인 영국

and Carry On"해야 한다. 저쪽으로 눈 돌리지 말고 내 생활을 묵묵히 충실하게 하는 수밖에 없다는 이야기다. 대체로 보수적이 되고 바깥일에는 관심을 두지 않게 된다.

한국에서 영국인의 이런 특성을 이야기하니《반지의 제왕》에 나오는 '호빗(Hobbit)' 종족하고 비슷한 것 같다는 말을 듣기도 했다. 그런 생각을 해 본 적은 없었지만 비슷한 면이 있는 것 같기는 하다. 대부분의 영국인들은 자기가 사는 동네 밖으로 잘 안 나간다. 호빗처럼 공동체에서 조용히 소박하게 살면서 외부와의 교류는 신경 쓰지 않는 면이 닮아 보이기도 한다.

나는 영국과 한국을 오가면서 자부심과 상실감을 동시에 느꼈다. 어릴 적에 한국에 가면 '젠틀맨의 나라', '선진국에서 온 한국말 하는 아이'로 귀여움을 받았다. 물론 사촌이 미국식 영어로 이야기하거나, 동네 아이들이 나를 '미국 놈' 취급할 때는 한국이 살짝 싫기도 했지만 말이다.

시간이 지나면서 한국은 엄청난 발전을 거듭했다. 한국에 다녀오면 영국은 낡고 뒤쳐진 것처럼 보였다. 내가 태어난 뒤로 영국은 제자리였고 한국은 눈부신 도약을 하는 것을 지켜보며 더 이상 강대국이 아닌 영국에 상실감을 느꼈다.

한국인들은 여전히 영국을 선진국으로 봐 주었고, 나도

그 덕분에 자부심을 지킬 수 있었지만 내가 살고 있는 영국
은 한국 사람들이 상상하는 영국과는 달랐다. 그래서 더 영
국스러운 것을 찾고 자부심을 찾으려고 했던 것 같다. 사실
영국에서만 살아온 친구들은 박물관을 가고 윈저성을 가
도 이게 얼마나 오래되고 역사적인 것인지 모를 수도 있다.
나는 다른 친구들이 축구 캠핑을 갈 때 엄마와 함께 영국이
어떤 나라인지 볼 수 있는 곳을 찾았다. 그 덕분에 영국과
영국인에 대해 더 고민해 볼 수 있게 됐다.

지극히 사적인 영국

02.

영국성(Britishness)에 대한 고민

영국에서는 2000년대부터 '영국성(Britishness)'이라는 개념이 화두가 됐다. '영국다운 것이 무엇인가'에 대한 논쟁이었다. 영국에는 이민자가 꾸준히 늘어나고 있고, 그만큼 사회적 갈등이 생길 여지도 커지고 있다. 이를 어떻게 조율하고 공존할지 고민하면서, 영국 사회의 공통된 가치가 무엇인지에 대한 질문이 자연스럽게 나왔다. 여기에 2005년 무슬림 테러리스트들이 런던 지하철과 버스에서 테러를 저지르면서 이 담론의 중요성은 더 커졌다.

앞에서도 언급했지만, 영국에서는 영국인으로서의 정체성 교육이라는 것을 따로 하지 않는다. 하지만 2010년대부터 정부는 학교에서 '영국적 가치 체계(British values framework)'

2005년 7월 7일 영국 런던에서 발생했던 버스 및 지하철 테러. '영국성' 논의의
필요성이 대두된 계기였다. ⓒAlamy

를 가르치도록 권장하고 있다. 주요 내용은 민주주의, 법치주의, 개인의 자유, 상호 존중, 그리고 타 종교·신념에 대한 관용 등이다. 다문화 사회에서 시민 의식을 기르기 위한 교육이라는 점은 분명하다. 물론 이런 가치는 민주주의 국가라면 공통적으로 지향하는 것들이지, 영국인 고유의 정체성을 형성하는 요소라고 보긴 어렵다.

반면 영국성(Britishness)은 '영국인이란 무엇인가'를 묻는 훨씬 더 감성적이고 모호한 영역이다. 한국에서는 이런 질문이 다소 생소할 것이다. 한국인다운 것이 무엇인지 묻는다면 단군, 백의민족, 홍익인간, 매운 음식, IT 강국, '빨리 빨리' 문화 등 몇 가지 키워드를 금방 떠올릴 수 있다. 그런데 영국스러움은 그렇게 명확하지 않다. 잉글랜드, 스코틀랜드, 웨일스, 북아일랜드, 이 네 개의 컨트리로 이뤄진 나라에서 '영국스러움'을 하나로 정의하기란 쉽지 않다. 사람마다 머릿속에 떠올리는 '영국적' 이미지도 제각각이다.

이런 복잡함이 여실히 드러난 사례가 브렉시트다. 브렉시트를 찬성한 사람들은 영국성을 '자주성'이나 '전통 문화의 보존'과 같은 가치로 이해했다. 반면 브렉시트 반대파는 '다문화주의', '개방성', '국제 협력' 같은 가치를 영국성으로 보았다. 영국의 많은 문제와 마찬가지로 영국인이라는 정체성 자체도 모호하다. 어쩌면 진정한 영국성이란 바로 그 '모호함'일지도 모른다.

내 개인적인 생각을 덧붙이자면, 나는 '매너'야말로 영국성을 구성하는 핵심이라고 생각한다. 말하자면 '영국인을 영국인답게 만드는 것'이 바로 매너다. 이런 생각은 가족과 함께 영국에서 살면서 경험한 것들이 계기가 됐다.

2014년에서 2015년까지 가족들과 영국에 살았는데, 아이들과 놀이터에 가면 인도계나 파키스탄계 아이들이 많았다. 그런데 그 아이들이 영국식 영어를 쓰고 영국식 매너를 자연스럽게 지키는 모습을 보면 전혀 이질감이 느껴지지 않았다. 그 아이들은 인도계나 파키스탄계 아이들이 아니라 '영국인' 아이들로 보였다. 물론 이런 매너를 아무리 잘 지켜도 스코틀랜드 아이라면 또 얘기가 다르지 않을까 싶다. 나는 잉글랜드 사람이니까.

영국에서는 어른을 존중하고, 튀지 않고, 줄을 잘 서고, 공동체 규칙을 따르는 것이 기본 매너다. 내가 이렇게 느끼는 건 어쩌면 내가 혼혈이라서, 영국 사회에 더 잘 동화되어야 한다고 사연스럽게 생각해 왔기 때문일지도 모른다. 다른 배경을 가진 영국인이라면 달리 생각할 수도 있다.

그렇지만 매너가 중요한 영국적 가치라는 점에는 분명

테이트 모던 갤러리 밖 놀이터. 여러 인종의 아이들이 있어도 내 눈에는 '영국인'으로 보인다. 영국식 영어와 매너를 지키고 있기 때문이다. ⓒGetty Images

히 동의할 사람이 많을 것이다. 영국 부모들은 아이들의 매너 교육을 매우 중요하게 여긴다. 아이들은 걸음마를 시작할 때부터 매너를 배우기 시작한다. 부모들은 아이들에게 "Mind your P's and Q's"라는 말을 자주 한다. '행동을 조심하고 예의를 지키라'는 뜻이다. 원래는 인쇄공들에게 p와 q를 헷갈리지 말라고 주의를 주는 말에서 기원했다는 설이 있는데, 지금은 "Please"와 "Thank you"를 잘 말하라는 의미로 통한다. 아이들은 "Say please", "Say thank you"라는 말을 귀에 못이 박히도록 듣는다. "부탁합니다", "감사합니다"라는 말을 자연스럽게 하도록 훈련받는 셈이다. 여기에 하나더 추가하자면 "미안합니다(sorry)"까지 나와야 한다. 누군가와 부딪혔을 때 자기 잘못이 아니더라도 이렇게 말하는 것이 매너다.

만약 아이가 매너를 갖추지 못한 것 같으면 부모는 스트레스를 받는다. 그렇다고 의사에게 데려갈 정도는 아니지만 심리적 압박감이 크다. 한국에서는 아이가 밥을 잘 안먹으면 부모들이 큰 스트레스를 받지만, 영국에서는 그렇지 않다. 식사 시간에 밥을 안 먹으면 다음 끼니 때까지 굶긴다. 그것도 매너 교육의 일환이다. 공동체의 규칙과 질서를 배우고, 책임감을 기르도록 하는 것이다. 영국 사회에서매너는 단순한 격식 이상의 '생존 기술'에 가깝다.

03

매너가 영국인을 만든다

매너는 영국인에게 요구되는 기본적인 태도다. 간단히 말해 "남에게 피해를 주지 말고, 튀지 말라"는 것이다. 한국인들 입장에서는 일본인의 태도를 떠올리면 이해하기 좀 더 쉬울지도 모른다.

내가 어릴 때 살았던 북런던에는 일본에서 파견 나온 주재원들이 많았다. 닛산, 도요타, 소니 같은 기업들이 잘나가던 시절이었다. 그래서 동네에 일본 주재원들의 아이들이 종종 보였다. 당연히 주재원들의 부인들도 많이 왔는데, 말이 잘 안 통하고 하니 이것저것 배우면서 적응하는 시간을 가지는 경우가 많았다. 영국의 차 문화나 인도 요리 같은 것들이었다. 엄마는 그걸 보고 혹시 통하지 않을까 해서 처음에는 김치 만들기 클래스를 열었는데, 인기가 좋아서 한식 만들기 클래스로 확장했다. 매주 2~3팀이 와서 수업을 들었다.

엄마는 일본 아주머니들을 상대하면서 영국 사람과 비슷한 느낌을 받았다고 하셨다. 남에게 피해 주기 싫어하고, 튀는 걸 싫어한다는 거다. 최대한 조용히 있으면서 주목받는 걸 피했다고 한다. 내가 경험한 바로도 그렇다. 일본 사람들은 확실히 영국인과 비슷한 캐릭터다. 반면 한국인은 정이 많고 애정이 풍부하다. 이탈리아인이나 남미 사람이랑 비슷하게 느껴진다.

영국에서 말하는 매너는 한국을 포함한 외국인들이 생각하는 '젠틀맨'의 매너와는 결이 조금 다르다. 고급 식당에서 지키는 격식이나 우아한 말투 같은 게 아니다. 그보다는 사회 생활의 기본기에 가깝다. 자신이 속한 계층이나 배경에 관계없이 누구나 지켜야 할 규범이라고 해야 할까. 한국에서 매너는 어른들을 공경하고 잘 모시는 데서 출발한다면, 영국의 매너는 사회와 공동체 인에서 조화롭게 살아가는 것이 핵심이다.

영국인들이 한국에 와서 당황하는 것들이 있는데, 한국의 운전 문화와 특정 상황에서의 배려다. 깜빡이를 안 켜고 들

지극히 사적인 영국

영국에서는 문을 여닫을 때, 앞 사람이 뒷 사람을 위해 문을 잡아 주는 게
매너라고 생각한다. ⓒGetty Images

어온다든가, 건물에 들어가는데 앞 사람이 문을 안 잡아 준
다든가 하는 상황이다. 영국에서는 이런 행동이 매너에 어
긋나는 것으로 여겨진다. 대놓고 뭐라고 하지는 않겠지만
속으로는 상당히 불쾌한 경험을 했다고 느낀다. 물론 한국

에 익숙해지면 한국인들의 매너와 영국인의 매너가 다르다는 것을 알게 되지만, 처음에는 꽤 당혹스럽다.

영국식 매너의 본질은 '상대방과 부딪히지 말고, 내가 불편하더라도 참고 인내하라'다. 이런 의식이 언제부터 영국인에게 스며들었는지는 분명하지 않지만, 제1차 세계 대전과 제2차 세계 대전을 거치면서 확고해진 게 아닐까 싶다. 그전에도 매너와 품격이 중시되기는 했겠지만, 나 같은 평민이나 노동자 계층에게까지 매너가 강조됐을지는 의문이다. 그보다는 세계 대전이 지금의 영국식 매너를 만드는 데 큰 역할을 했을 것 같다.

영국은 역사에 남을 제국을 건설했지만 그만큼 전쟁도 많았다. 제국 시절 노동자 계층은 가난하고 열악한 환경에서 살았다. 20세기에 들어와서 조금 나아지나 싶었는데 두 차례의 세계 대전이 터졌고 영국은 그 전쟁에서 핵심적인 역할을 했다. 온 국력을 동원해서 전쟁을 버텨 내야 했고 그 대상은 평범한 영국인이었다.

영국에는 "stiff upper lip"이라는 말이 있다. 윗입술을 빳빳하게 만들라는 말인데, 불굴의 정신으로 자신의 어려움을 드러내지 말라는 의미다. 앞서 이야기한 "Keep Calm and Carry On"과 연결하면 맥락이 더 쉽게 이해될 것이다.

지극히 사적인 영국

1940년 독일 공군의 런던 공습 당시 방공호로 사용된 올디치(Aldwych) 지하철 역 승강장 모습. 이런 상황에서 개인의 불편을 내색할 수는 없다. ⓒIWM

아무리 어려워도 내색하지 말고 견뎌라. 이것이 영국인의 매너에도 깔려 있다.

제국이라고 하지만 전쟁을 거치면서 도시는 공습을 당했고 물자는 부족했다. 강대국 국민으로서 누리는 윤택함은 없었다. 하루하루를 버텨 내려면 모두가 불편을 참아 내고, 인내하면서 생활해야 했다. 공공장소에서 감정을 표출하는 것은 질서를 어지럽히는 일이었다. 세계 대전이 끝난 뒤에도 마찬가지였다. 이번에는 식민지들이 독립하면서 제국이 해체되기 시작했다. 국력은 쪼그라들고 강대국으로서의 자부심도 사라졌다. 철강 산업 같이 영국을 선진국으로 이끌었던 산업은 쇠퇴하고, 자존심이던 자동차 산업도 경쟁력이 떨어져 독일이나 인도 같은 외국 회사에 팔려 나갔다.

국민들의 삶은 나아질 겨를도, 새로운 가치를 찾아낼 여유도 없었다. 그저 제자리에서 묵묵히 자기 일을 하면서 생활을 꾸려 나가는 게 최선이었다. 영국 사회가 전체적으로 느리게 변하는 데에는 이런 이유도 있다. 불만을 표출하지 않고 있는 그대로 받아들이기 때문이다. 영국에는 오래된 시설이 많고 여러 시스템이 제대로 작동하지 않는 경우도 많다. 그러나 영국인들은 그걸 그저 받아들인다. 여기서 스트레스를 표출하면 다른 사람을 불편하게 만들고 본인만

손해다.

이런 역사적 경험이 뼛속 깊이 박혀 있기 때문에 영국인들은 사회에서 튀는 걸 꺼린다. 자신의 위치에서 벗어나면 사회에 폐를 끼치고 자기 자리가 사라질 수도 있기 때문이다. 특히 노동자 계층은 더욱 그렇다. 영국인은 자신이 노동자 계층임을 부끄러워하지는 않지만 자신의 계층에서 벗어나면 불안해한다.

한국에서도 잘 알려진 〈빌리 엘리어트〉라는 영화가 있다. 영국의 쇠퇴해 가는 탄광촌에서 발레리노를 꿈꾸는 남자 아이의 이야기다. 이 이야기는 영국인들에게는 더 극적으로 다가온다. 영화에서 빌리와 그의 아버지가 대립하는 것은 단순히 빌리의 아버지가 고지식한 옛날 사람이라서만은 아니다. 빌리가 발레를 한다는 것은 곧 노동자 계층에서의 이탈을 의미한다. 중산층이나 상류층도 아닌데 이런 일을 한다는 것은 곧 사회적인 생존을 건 도전이다. 아버지 입장에서는 쉽게 동의할 수 없는 게 당연하다. 영국인으로서는 아버지의 입장에도 공감하게 된다.

영국에서 매너는 계층을 구분하는 기준이 되기도 한다. 상류층으로 갈수록 지켜야 할 매너는 더 섬세하고 엄격해진다. 말투나 단어 선택, 사용하는 문법만 봐도 어떤 계층인

현대적인 젠틀맨으로 여겨지는 에드 시런. ⓒAlamy

지 드러난다. 그러나 모든 계층의 공통적인 원칙은 '자랑하지 말고 소박하게 살라'는 것이다.

미국에서는 자기 수입을 말하거나 상대방에게 수입을 묻는다는데 영국에서는 매우 민감하다. 자기 얘기를 잘 드러내지 않는다. 한국에서도 비싼 시계나 고급 차를 몰면서 자신을 과시하는데 영국에서는 계층을 불문하고 그렇게 하면 안 된다는 시선이 있다. 자랑하고 다니면 구설수에 오른다. 돈 자랑을 하면 어떤 계층에서건 눈총을 받는다. 이런 의미에서 현대적인 젠틀맨은 싱어송라이터로 유명한 에드 시런이다. 그는 외모로 보면 전통적인 젠틀맨과는 거리가 멀지만 항상 겸손하고 매너를 지킨다.

영국에서 매너는 단순한 격식이나 예의범절이 아니다. 역사의 산물이며, 평범한 영국인으로서 공동체 속에서 조화를 이루고 살아남기 위해 필요한 기본적인 태도인 것이다.

04

매너 통치 전략

2015년에 상영된 영화 〈킹스맨〉으로 유명해진 말이 있다. "Manners maketh man(매너가 사람을 만든다)." 이 문구처럼 〈킹스맨〉은 매너에 관한 영화로 볼 수 있다. 주인공인 에그시는 전형적인 노동자 계층 출신에 '차브(Chav)' 이미지를 덧입힌 캐릭터다. 차브는 트레이닝복을 입고 돌아다니는, 시끄럽고 무례한 저소득층 백인 청년을 지칭하는 말이다. 교육 수준이 낮고, 이렇다 할 일을 하지 않으며, 슬랭을 쓴다. 버버리 모자나 명품 브랜드 로고가 크게 박혀 있는 짝퉁 옷을 입는 게 전형적인 이미지다. 한국식으로 한다면 양아치가 가장 가까운 표현일 것이다.

여기까지만 봐도 에그시는 지금까지 이야기한 영국인과

<킹스맨>의 주인공 에그시의
계층 이동은 영국인 입장에선
'신데렐라' 같은 이야기다.
ⓒGetty Images

는 거리가 멀다. 매너라는 것이 없는 인물이다. 그런 에그시
가 사립 학교 출신 엘리트들과 겨루면서 매너를 습득하고
결국 스파이가 되어 상류층에 입성한다는 이야기가 영화의
줄거리다.

이 영화는 영국 상류층의 스타일과 매너를 매력적으로
보여 주면서 인기를 끌었다. 나 역시 재미있게 봤다. 그러나
에그시의 '신데렐라' 스토리는 공감하기 어렵다. 일단 내가
노동자 계층 출신이기도 한데다가 영국의 계층이 얼마나

큰 벽인지도 조금이나마 경험해 봤기 때문이다. 나와 같은 노동자 계층 친구들은 에그시의 액션은 재미있게 볼 수 있어도 그가 상류층의 일원이 되는 전개에는 감정 이입이 되지 않는다.

영국인들은 기본적으로 '아메리칸 드림'에 공감하기 어렵다. 나는 이 말을 열세 살쯤 처음 들었던 것 같은데 신기한 아이디어라고 생각했다. 영국은 사회 자체가 그리 희망을 주고 격려하는 분위기가 아니다. 노력을 하면 모든 게 이뤄질 수 있다고 부추기지도 않는다. 그래서 '무언가를 열심히 하면 성공할 수 있다'라는 사고방식이 별로 없다. 누군가의 성공담을 담은 할리우드 스토리는 다른 세상, 판타지 속 이야기처럼 여겨진다. 재미있게 볼 수는 있지만 그걸 보고 용기를 얻거나 감동하기는 어렵다는 말이다. 그렇다고 서민은 부자가 될 수 없다는 이야기가 아니다. 내 정체성, 내 계층을 바꿀 수는 없다는 말이다.

영국인은 노동자 계층에서 태어났으면 노동자 계층의 정체성을 가진다. 중산층도 마찬가지고 상류층은 말할 것도 없다. 그 정점에는 왕실이 있다. 각각의 계층은 섞이지 않고 섞일 기회 자체도 별로 없다. 노동자 계층은 말 그대로 노동자들이다. 우리가 주변에서 흔히 볼 수 있는 일들을 한다.

지극히 사적인 영국

런던 베이커 스트리트에서 일하는 노동자들.
이들은 내 능력으로 성실하게 살아간다는 자부심이 있다. ⓒGetty Images

공장에서 일하거나, 건설 현장을 다니거나, 어딘가의 점원이다. 중산층은 기업가나 전문직 종사자들이고, 상류층은 전통 있는 집안의 사람들이다. 이들은 사는 곳도 구분되어 있고 계층별로 가는 클럽도 다르다. 여기서 말하는 클럽은 한국의 클럽처럼 춤추고 노는 곳이 아니라 남성 중심의 사교 클럽이다.

노동자 계층이라고 해서 자신의 계층을 부끄러워하지 않는다. 자신이 노동자 계층 출신인 것을 오히려 자랑스럽게 여기는 사람들이 많다. 겉으로라도 그렇다. 내 힘과 능력으로 성실하게 사는 사람들이라는 자부심이 있다. 딱히 상위 계층으로 올라가려는 시도 자체를 하지 않는다. 상류층의 품격이나 매너는 관심 밖이다. 노동자 계층은 자신들의 매너를 지키면서 영국인으로 살아가는 사람들인 것이다.

다시 〈킹스맨〉의 에그시를 보자. 영화에서는 에그시가 '브로그 구두가 아닌 옥스포드 구두'를 신는 장면이 나온다. 이게 어떤 신발인지 알고 있다면 패션에 관심이 많은 사람이다. 이 신발은 상류층이 보기에 '격식 있고 프로페셔널한 느낌'을 준나고 한다. 일반적인 영국인들 중에 이 구두를 보고 이런 느낌을 받을 사람은 거의 없다. 여기에 에그시는 사립 학교 출신 동료들과 사립 학교 같은 곳에서 훈련을 받

영화 〈킹스맨〉에 나오는 옥스포드 구두. ⓒ20세기폭스

고 상류층의 매너를 익힌다. 미국인들이 보기에는 그럴 듯
할지 몰라도 영국인이 보기에는 현실과 너무 동떨어진 이
야기다.

"Manners maketh man"이라는 말부터 그렇다. 이 문구
는 14세기에 문을 열었다는 유명한 사립 학교 윈체스터 칼
리지(Winchester College)의 모토에서 가져온 말이다. 'maketh'
라는 단어 자체가 옛날 영어다. 한국으로 치면 성균관에 현
판으로 걸려 있을 만한 말이라는 거다. 이 말은 직설적으로
풀면 매너가 없으면 사람도 아니라는 말이다. 그런데 맥락

을 보면 여기서 말하는 '사람'은 귀족의 매너를 갖춘 사람으로 봐야 한다. 차브 출신이 그 세계에 들어가는 일은 현실에서 상상하기 어렵다.

매너는 계층 간의 벽이 되기도 한다. 나 같이 평범한 사람들은 일상에 필요한 매너만 익히고 거기서 벗어나지 않으면 충분하다. 그러나 상류층으로 가면 매너가 달라진다. 모든 걸 새로 배우고 익혀야 한다. 영국은 이런 구분이 학교에서부터 이뤄진다. 영국의 사립 학교(public school)는 단어만 보면 공립 학교처럼 보이지만, 수업료를 받는 사립 학교다. 퍼블릭이 붙은 이유는 지역, 종교, 직업, 신분과 무관하게 모집한다는 의미다. 물론 노동자 계층은 이런 곳에 가지 않는다.

나는, 사립 학교는 아니지만 꽤 좋은 공립 학교를 다녔다. 퀸 엘리자베스 스쿨(Queen Elizabeth's School)이라는 학교다. 1573년 엘리자베스 1세 때 문을 연 학교로 공립이지만 사립 학교와 비슷한 시스템으로 교육을 한다. 사립 학교와 비교하면 돈을 안 내도 되고, 기숙사가 없다는 점이 다르다.

저음 이 학교 면접을 갔을 때는 '내가 여기서 버틸 수 있을까?' 하는 생각부터 들었다. 나는 노동자 계층 출신이라 이런 학교에 다닐 수 있을까 싶었는데 운 좋게 합격했다. 당시

내가 공부했던 퀸 엘리자베스 스쿨. ⓒQueen Elizabeth's School

에는 인터뷰만으로 학교 입학이 결정되는 방식이었던데다, 학교 측에서 제2외국어를 구사할 수 있는 능력을 가진 학생에게 좋은 평가를 주었던 때였다. 한국어 사용자가 소수인 상황에서 내가 이를 자유롭게 구사할 수 있으니 학교에서 관심을 가지게 된 것이다. 엄마 덕분에 합격한 것과 다름없었다.

여기서 정말 많은 것들을 배웠고 이 학교를 다닐 수 있었던 건 지금도 행운이라고 생각한다. 하지만 드물게 만찬이 있는 행사가 열릴 때는 두려운 마음이 들었다. 식기 사용법부터 음식을 놓고 먹는 법까지 듣도 보도 못한 에티켓을 요구했다. 뭐가 뭔지 모르기도 했고 익혀야 할 것도 너무 많았다. 나이프와 포크가 왜 2~3개씩 있는지, 어떤 글라스에 와인을 받아야 하는지, 빵은 어느 접시에 놓아야 하는지, 하나도 모르니 너무 긴장됐다. 나는 그때까지 왼손으로 나이프를 잡았는데 옆자리 친구의 팔꿈치와 부딪히니까 나만 튀는 것 같아 부끄러웠다. 나는 지금도 편한 자리에서는 왼손으로 나이프를 잡는다. 이렇다 보니 만찬에 많이 다녀 본 친구들이 능숙하게 식사 예절을 지키는 것을 보면서 저절로 어깨가 내려갔다.

영국의 매너는 좋게 보면 영국인스러운 정체성을 보여

주지만, 조금 비틀어서 보면 영국이 국민을 통치하는 전략 같다는 생각이 들기도 한다. 결국 매너를 통해 계층을 구분하는 것을 보면, 영국이 식민지 지배 전략인 '분할 통치(divide and rule)'를 국내에서도 써먹는 것처럼 보이기도 한다. 아니면 영국이 원래 이랬기 때문에 식민지에서도 쓰게 된 것일까. 그래도 나는 역시 노동자 계층으로 만족한다. 천생 영국인인가 보다.

05

계층에 따라 달라지는 학교 생활

한국과 비교해서 영국 교육의 특징은 계층별로 집단 의식을 키워 준다는 데 있다. 모든 학교가 그런 것은 아니고 퍼블릭 스쿨 같은 명문 사립 학교에서 이런 특징이 두드러진다.

영국 교육 제도의 틀 자체는 한국과 크게 다르지 않다. 만 5세에 입학하는 초등학교인 프라이머리 스쿨(Primary School)을 6년 동안 다니고, 이후 중등 과정인 세컨더리 스쿨 (Secondary School)에서 5년간 공부한다. 이후에는 대학 입학을 원할 경우 식스스 폼(Sixth Form)이나 칼리지(College)에서 2년 산 A-레벨 등 시험 준비를 한다. 식스스 폼은 일반적인 대입 과정이고, 칼리지는 실용 교육이나 전문 자격 과정을 제공 하는 곳이 많아 특성화 고등학교나 전문대 진학에 가깝다.

프라이머리 이전의 유치원부터 대학 입학 전까지 공립 교육은 무료다. 대부분의 영국인은 공립 학교를 다니며, 경제적 여유가 있는 계층은 자녀를 사립 학교에 보낸다. 사립 학교는 초등학교라고 해도 연 학비가 수천에서 수만 파운드라고 하는데, 서민에게는 부담스러운 금액이라 애초에 보낼 생각을 거의 하지 않는다.

본격적인 계층별 차이는 세컨더리 스쿨부터 드러나지 않을까 싶다. 솔직히 사립 초등 과정은 경험해 보지 못해서 잘 모른다. 그러나 내가 다닌 세컨더리 스쿨을 생각하면 어느 정도는 비교가 가능할 것 같다.

내가 다닌 세컨더리 스쿨은 런던 북부 바넷에 있는 퀸 엘리자베스 스쿨이다. 북런던에 살았던 나는 아스널 팬이었는데, 집 근처에 공립 명문 학교가 있었던 것이다. 보통 중산층이나 노동자 계층 학생들이 다닌다. 나는 이 학교에서 식스스 폼까지 마치고 대학교에 진학했다.

퀸 엘리자베스 스쿨은 공립이지만 입학 시험을 치러야 들어갈 수 있는 셀렉티브 그래머 스쿨(Selective Grammar School)이다. 나는 합격 통보를 거의 마지막에 받았는데, 합격 통보를 받고는 엄마도 나도 펑펑 울었다. 내가 합격한 가장 큰 이유 중 하나는 앞서 말했듯이 내가 한국어를 할 수 있었기 때문이다. 내가 운동이나 음악 등을 특별히 잘한 것도 아니었는데 입학할 수 있었던 것은 한국이라는 배경 덕분이었다.

여기에 엄마의 정보력이 아니었으면 애초에 지원할 생각도 못했을 것 같다. 엄마는 지역에 명문 공립 학교가 있다는 것을 알고 지원하라고 하셨다. 아마 다른 영국 학부모라면 이렇게까지는 하지 않으셨을 텐데 나에게는 여러모로 운이 따랐던 것 같다.

퀸 엘리자베스 스쿨은 내 인생에 지대한 영향을 미친 곳이다. 지금 내가 가지고 있는 정체성은 이곳에서 만들어졌다고 해도 과언이 아니다. 일단 이곳은 엄청나게 역사가 깊다. 1573년에 엘리자베스 1세 여왕이 설립한 학교다. 학교 상징에는 왕관이 들어가 있고, 모토는 왕실과 똑같은 프랑스어 "Dieu et mon Droi't(신과 나의 권리)"다.

입학하면 그야말로 학교의 역사에 압도된다. 신입생들에게 학교의 역사를 보여 주는 투어를 하는데, 그중에는 1577년에 세워진 옛 학교 건물인 튜더홀(Tudor Hall)에 관한 내용도 있다.

지금은 '바넷 & 사우스게이트 칼리지(Barnet and Southgate College)'에서 사용하는 이 건물에 가면 그야말로 역사의 한가운데에 서 있는 것 같다. 확장 이전해서 지금 사용하는

내 정체성이 확립된 곳, 퀸 엘리자베스 스쿨 ⓒPeter Bint

학교 건물도 멋있지만 그곳은 아예 박물관 같은 느낌이다. 1573년 학교가 설립됐을 당시 엘리자베스 1세 여왕이 승인한 고문서도 있다.

학교 메인 홀에 가면 역대 교장 선생님이나 학교 회장들의 초상화가 걸려 있고 이름이 적혀 있다. 교복은 멋들어진 학교 엠블럼이 수놓아진 정장 같은 느낌이다. 입으면 귀족이라도 된 느낌이 든다. 누가 별말 하지 않아도 내가 엄청나게 대단한 곳에 와 있구나 하는 걸 알 수 있다. 열한 살 때 이런 걸 경험하면 감당하기 어렵다. 그대로 얼어붙고 압도되어 버린다. '내가 잘 해낼 수 있을까?' 하는 생각과 함께 동기 부여가 될 수밖에 없다.

영국 사립 학교와 그 외의 학교의 가장 큰 차이점은 기숙사 시설 여부다. 사립 학교는 대부분 기숙 학교이고 남자만 받는다. 유명한 이튼이나 해로우, 윈체스터 같은 학교들은 기숙사 생활이 필수다. 어린 나이에 남자끼리 생활하니 위계 질서가 강하다.

우리 학교는 기숙사까지는 없었지만 하우스라는 개념이 있었다. 그룹별로 학생들을 나누는 분반 시스템인데 하급생부터 상급생까지 포함되어 있었다. 영화 〈해리 포터〉에 나오는 호그와트의 그리핀도르, 슬리데린과 거의 똑같다.

기숙사 생활만 하지 않을 뿐이다. 우리 학교의 하우스는 총 6개가 있는데 학교의 유명 졸업생이나 후원자, 교사 등의 이름을 따서 지었다. 나는 스테이플턴(Stapylton) 하우스 소속 이었다. 〈해리 포터〉처럼 교복을 입고 하우스별로 줄을 서서 홀로 들어갈 때는 왕실 행사에 와 있는 느낌도 든다.

이런 학교이다 보니 학교에 대해 생각나는 건 규율과 엄격함이다. 복장부터가 시작이다. 외투는 교복으로 지정되어 있지 않지만 로고가 없는 어두운 색으로 입어야 하고, 무조건 구두를 신어야 한다. 구두에도 로고가 있으면 안 된다. 운동화는 절대 금지다. 머리도 너무 길거나 짧으면 안 되고, 헤어젤이나 무스 같은 스타일링 제품을 바르는 것도 금지다. 가방도 11세 때부터 브리프케이스를 들고 다녀야 한다.

스포츠 문화도 다르다. 대체로 명문 학교에서는 축구보다는 럭비를 한다. 학교에서 선택한 스포츠가 무엇이냐에 따라 학교의 급이 다르다는 인식이 있을 정도다. 럭비를 잘하면 명문 학교에 진학할 때 도움이 된다. 럭비는 초등학교에서는 별로 안 하는데 준비성 있는 학부모는 초등학교 5학년쯤 되면 아이를 럭비 동아리에 가입시킨다. 물론 우리 부모님은 이런 건 전혀 몰랐다.

럭비는 '신사'들의 스포츠다. 영국에서 꽤 중요한 스포츠다. 상류층에게 축구보다 더 중요하다. ⒸQueen Elizabeth's School

럭비는 귀족들을 포함한 중산층 이상들이 즐기는 스포츠로 여겨진다. 실제로 축구 선수는 대부분 서민 출신이고, 럭비 선수는 사립 학교 출신들이 많다. 영국에서는 "축구는 신사 같은 스포츠지만 선수가 훌리건이고, 럭비는 훌리건 같은 스포츠지만 선수가 신사다"라는 말이 있다.

축구는 상대적으로 연약한 스포츠이지만 선수가 매너가 없고, 럭비는 더할 나위 없이 거친 스포츠지만 선수는 신사라는 의미다. 이 말에 동의하기는 싫지만 인정할 수밖에 없는 부분도 있다. 실제로 럭비 선수들은 정말 엄청난 덩치에 험악한 인상을 가졌지만 인터뷰를 들어보면 상류층 영어를 쓰고 태도도 신사적이다. 경기 중에 할리우드 액션도 없고 심판에게 항의하는 일도 없다. 그런 짓을 하면 부끄럽다는 인식이 있다.

지금 와서 생각해 보면 학교가 꼭 군대 같은 시스템이었다. 선생님도 미스나 미세스가 아니라 "서(Sir)"라고 불러야 했고, 선생님들은 나를 '성(姓)'으로 불렀다. 이것도 어린 나이에 문화 충격에 가까운 일이었다. 성으로 부르는 건 군대에서나 있는 일이다. 학교에서 선생님들이 나를 "빈트"라고 부르면 냉정하고 딱딱한 위계가 느껴진다. 내가 이 학교의 학생이라기보다는 이 학교 시스템 안에 있는 하나의 부품이 된 것 같았다.

이렇게 7년을 지내면서 사회에서 익혀야 할 규율과 매너를 훈련받게 된다. 좋게 말하면 사회에 잘 적응하는 인재를 양성하는 것이고, 나쁘게 말하면 사회에 적합한 부품을 찍어 내는 격이다. 내가 노동자 계층 출신이라서 이렇게 느끼는 것일 수도 있다. 만약 내가 상류층 출신이어서 유명한 사립 학교에 진학했다면 전혀 다른 경험을 했을 것이다.

나는 모교를 나온 덕분에 더 많은 기회를 얻었다고 생각한다. 11세부터 18세까지 나의 세계는 학교였다. 영향을 많이 받을 수밖에 없다. 나처럼 노동자 계층 출신에 명문 공립 학교를 나와도 이런 경험을 하는데, 사립 기숙 학교에서 생활하는 상류층 아이들은 훨씬 어릴 때부터 격리된 남성 중심 사회에서 훈련을 받는다. 그들에게는 또 다른 세계가 존재한다. 영국의 학교는 교육 기관이면서 계층을 각인시키는 장치로 볼 수도 있다. 그래서 영국의 학교 생활도 일반화해서 이야기하기 어려운 것이다.

06

영국인의 자부심과 소속감

한때 영국이 잘나가는 제국이었고, 두 차례의 세계 대전에서 승리의 주역이었다 보니, 영국군에 대해서도 잘 아는 사람들이 많다. 우리 아빠가 군인 출신이라서 영국에서 관사에서 살았다고 하면 특수부대인 SAS(Special Air Service)나 제임스 본드의 직장인 비밀 정보국 MI6에 대해 물어보는 사람도 있다. 이에 대한 내 대답은 "나도 몰라요"다.

일단 MI6는 군대 소속이 아닌데다가 미국으로 치면 CIA 같은 정보 기관이다. 일반인인 내가 알 도리가 없다. 제임스 본드 영화 마니아가 나보다 MI6에 대해 더 잘 알것이다. SAS는 영국 육군 소속이긴 한데, 우리 아빠가 근무했던 부서와는 너무 다른 부대다.

영국의 군대는 크게 영국 육군(British Army), 왕립 해군(Royal Navy), 왕립 공군(Royal Air Force)으로 나뉘어 있다. 대항해 시대부터 바다를 누볐던 해군과 제1차 세계 대전이 끝날 무렵 창설된 공군에는 모두 '왕립(Royal)'이 붙는데 육군은 아니다. 영국은 봉건주의 국가였던 시절에 육군 상비군이 없었다. 그러다가 의회가 만들어지고 잉글랜드 내전(1642~1651)에서 의회파의 올리버 크롬웰이 이끄는 신형군(New Model Army)이 찰스 1세의 왕당파에 승리하면서 족보가 복잡해졌다. 의회파 군대는 상비군이었는데, 나중에 왕정 복고가 되고 나서도 효율성을 입증한 상비군을 남기게 됐다. 그 과정에서 의회파에 연원을 둔 군대가 있었고, 왕당파에 뿌리를 둔 군대가 이어지다가 영국 육군으로 통합되다 보니 왕립을 붙일 수 없게 된 것이다. 다만 왕이 설립에 관여한 부대나 부대명을 지어준 부대에는 육군이라도 '왕립'이 붙는다.

우리 아빠는 육군 소속의 왕립 공병대(Corps of Royal Engineers) 소속이었다. 공병은 아군이 기동을 원활히 할 수 있도록 하고, 적의 기동은 방해하는 임무를 수행하는 부대다. 여기서 아빠의 임무는 수송원(Courier)이었다. 전투하고는 상관없는 지원 병과였기 때문에 영화에서나 볼 법한 군인들과 마주칠 일은 별로 없었다.

지극히 사적인 영국

2007년 왕립 공병대를 방문한 엘리자베스 2세. ⓒGetty Images

아빠는 22년간 복무하시고 은퇴하셨는데, 그래야만 군인이 받을 수 있는 복지 혜택을 모두 받을 수 있었다. 아빠가 은퇴하실 때 계급은 중사(Sergeant)였는데, 만년 하사(Corporal)였다가 전역 1년 전에 군에서 예우 차원에서 중사 계급을 달아 줬다. 마지막 1년간은 장교 대접을 받고, 장교들이 가는 식당(Officers' Mess)에도 출입할 수 있게 해 줬다. 한국이었다면 아마 계급 정년 때문에 22년을 채우지 못하셨을 것 같은데, 영국군은 특별한 사고만 치지 않으면 정년을 채울 수는 있다. 사실 아빠는 엄마한테 승진을 못한다고 구박을 받기도 하셨다. 영국군은 일반병(Private)으로 시작해서 병장(Lance Corporal), 하사로 이어지는데 내가 봐도 진급을 못하신 것 같기는 하다. 그래도 마지막 1년은 자랑스러워하셨다.

아빠가 용돈을 주시면서 부츠에 광을 내라고 한 기억도 난다. 집에 구두약이나 구두솔 같은 것들이 있었는데 항상 부츠를 잘 닦아야 했다. 그런데 아무리 광을 내도 주변 사람들은 전혀 알아봐 주지 않는다 한국에서노 휴가 나온 군인들끼리 전투화 광이나 전투복 다림질을 비교하지만, 주변 사람들은 그냥 군인으로 보는 것과 마찬가지다.

아빠는 군대 외에는 선택지가 별로 없었다고 한다. 열네

지극히 사적인 영국

댓 살 때부터 일을 해야 했고, 이 직업 저 직업을 전전하다가 안정적으로 살려면 군대를 가는 게 낫겠다고 생각하셨다. 처음에는 적응이 힘들었다고 한다. 영국은 사립 학교에 가는 상류층이 아니면 일반인들이 단체 생활의 규율을 경험할 일이 없다. 아빠도 젊을 때는 놀기 좋아했지만 그렇다고 말썽꾸러기까지는 아니었는데 처음엔 어려우셨던 모양이다. 아빠의 장례식 때 동료분에게 들었는데 훈련 중에 탈영한 적도 있으셨다고 했다. 그때 친구를 찾아갔는데 친구가 아빠를 잘 타일러서 술 한잔하고 다시 복귀하셨다고 한다. 생각해 보면 그때 아빠가 복귀를 하셨기에 지금의 내가 있는 거라서 감사한 일이다.

아빠는 군 생활이 그래도 당신에게 적합한 일이었던 것 같다고 하셨다. 딱히 똑똑한 것도 아니니 주어진 일을 하는 게 적성에 맞다면서 말이다. 게다가 여러 나라를 돌아다니면서 엄마까지 만났으니 이보다 나을 수는 없었을 것이다. 아빠는 운도 좀 좋아서 큰 분쟁이 있는 나라에는 가지 않으셨다. 그리스, 홍콩, 한국, 포클랜드, 벨리즈, 독일 같은 나라로 파견을 가셨다. 어느 나라를 가든 독일만 빼면, 영국 군인은 좋은 대접을 받았다고 한다. 낮은 직급이라도 좋은 숙소를 받고 주변으로부터 존중받았으니, 중학교도 제대로

아빠가 영국 군대에 입대한 건 최고의 선택이었다. 영국 군인이라는 자부심과 함께 엄마를 만날 수 있었기 때문이다. ⓒPeter Bint

못 나온 아빠 입장에서는 최고의 직업이었을 것이다.

아빠를 지켜보면서 나는 아빠가 가진 묘한 자부심을 함께 느낄수 있었다. 아빠는 왕립 공병대 소속이었다는 것을 항상 자랑스러워하셨다. 왜 그런지는 제대로 설명하지 못하셨지만 그냥 뼛속 깊숙이 박혀 있는 무엇인가가 있는 느낌이었다. 내가 속한 곳은 유서 깊은 '왕립' 부대라는 데에서 자부심을 가지신 게 아닐까 싶었다. 자신보다는 소속에 자부심을 가지게 된달까.

어쩌면 영국인은 어딘가에 소속되어 있는 것을 항상 확인하려고 하는 것 같다. 자랑스러운 곳 어딘가에 소속되어 있으면 안심하고 만족한다. 그러고는 끊임없이 그것을 확인한다. 영연방도 그렇고 축구 팀도 그렇다. 나름 자랑할 만한 역사이고 남들이 인정해 준다. 그래서 더욱 전통과 역사를 지키는 것 같기도 하다.

영국군의 명성은 많이 떨어졌다. 더 이상 세계 질서를 주도할 수 없게 된 이후로는 군대에 대한 이미지도 예전만큼은 좋지 않다. 이라크에 대량 살상 무기가 있다는 누명을 씌워 쳐들어간 이라크 전쟁 이후로는 영국 내에서도 영국군에 비판적인 여론이 일어나고 있다.

그래도 해군에 대한 자부심만큼은 여전하다. 해군은 영

국이 세계를 지배했을 때의 추억을 불러일으킨다. 세계 대전에서 승리한 기억은 매년 소환되고 다음 세대로 이어진다. 이런 것들을 보면 나 역시도 무언가 스며든 것이 있다고 느끼게 된다. 어릴 때는 '나 영국 놈이야!'라면서 스스로를 영국인으로 인정받고 싶어 했다. 성장하면서 그런 모습이 사라졌다고 생각했는데, 나이를 먹으니 점점 '그래, 나

아빠와 함께 복무했던 전우들과 영국 군인회 회원들이 마련해 준 왕립 공병대 마크가 새겨진 관 드레이프. 아빠가 응원했던 웨스트햄 엠블럼도 있다.
ⒸPeter Bint

지극히 사적인 영국

영국 놈이다!'라는 정체성이 조금씩 다시 살아나는 것 같다. 어쨌건 영국은 왕실도 있고 제국으로서 정점도 찍어 봤고, 독특한 나라다. 이런 자부심이 가슴을 펴고 살아가는 데 힘이 되는 것 같다. 어쩌면 다음 세대들은 이런 감정을 느끼지 않을 수도 있다. 그래도 같은 영국인이라면 비슷한 자부심을 가지는 게 좋지 않을까?

아빠의 관에는 왕립 공병대 마크가 함께 들어가 있다. 아빠가 돌아가신 것은 슬프지만 왕립 공병대로부터 인정받으신 것 같아 기뻤다. 아빠도 왕립 공병대 휘장과 함께할 수 있어서 조금이라도 더 마음이 편하지 않았을까.

07.

빨간 머리의 히어로,
폴 스콜스와 론 위즐리

영국은 편견이나 차별로부터 자유로운 나라는 아니다. 이
민자가 늘어나면서 인종 차별을 하면 처벌받을 수 있고, 해
서는 안 된다는 것을 인식하는 사람들이 많아졌지만, 여전
히 예로부터 내려오는 편견에 기댄 차별적인 인식이 있다.

대표적인 것이 '진저(ginger) 혐오', 빨간 머리 차별이다. 영
국에서는 '생강'을 뜻하는 진저의 색깔이 빨간색으로 통한
다. 원래 생강은 갈색이나 연노랑이지만 가공하는 과정에
서 빨간색 상품이 유통되는 경우가 많다. 그래서인지 빨간
머리를 한 사람을 진저라고 부른다.

영국은 세계에서 빨간 머리의 비율이 가장 높은 나라
다. 빨간 머리는 전 세계 인구의 약 1~2퍼센트라고 하는데,

2025년 세계 인구 조사(World Population Review)에 따르면, 영국은 인구 중 8.44퍼센트가 빨간 머리다. 2위는 아이슬란드(6.93퍼센트), 3위는 덴마크(4.99퍼센트)다. 영국에 빨간 머리가 가장 많은데도 빨간 머리는 차별과 혐오의 대상이 됐다. 이는 사실 영국만이 아니라 유럽에서도 나타난 현상이라고 하는데 영국에서는 빨간 머리의 비중이 높으니 더 눈에 띈다.

유럽의 빨간 머리 혐오는 여러 가지 문화적, 역사적 연원이 있다. 중세 시대에는 빨간 머리를 마녀와 연관시키거나, 예수를 배신했다는 유다의 머리가 빨간색이었다거나 하는 식이다. 영국에서는 이브가 사과를 먹고 머리가 빨개졌다는, 교회에서 나왔을 법한 민담 같은 것도 있다. 온갖 안 좋은 것들을 빨간 머리에게 다 몰아주고 비난하는 것이다.

이런 인식이 영국에서는 더 강화된다. 스코틀랜드와 아일랜드에는 빨간 머리가 더욱 많다. 아일랜드는 세계에서 가장 빨간 머리가 많은 나라로 약 10퍼센트가 빨간 머리다. 스코틀랜드는 빨간 머리 비중이 대략 6~13퍼센트로 추정된다. 영국에서 빨간 머리는 켈트족의 상징이자 스코틀랜드인과 아일랜드인의 상징처럼 여겨지는 게 자연스럽다. 그리고 잉글랜드는 스코틀랜드 및 아일랜드와 사이가 좋지 않았으니 빨간 머리에 대한 안 좋은 인식을 적극적으로 받아들이게 된 것 같다. 이런 편견이 자연스럽게 퍼지면서 거의 인종 차별에 가깝게 빨간 머리를 괴롭히기도 한다.

내가 실제로 학창 시절 경험한 편견은 이런 것들이다. 보통 빨간 머리들은 켈트족의 특징처럼 피부가 창백하다. 나는 거의 남자 학교를 다녀서 남자아이들을 더 많이 접할 수 있었는데, 그 친구들은 너무 핏기가 없었다. 여기에 편견까지 작용하니 약골처럼 느껴지게 된다. 실제로 그 친구들은 햇빛을 조금만 받으면 피부가 빨개진다. 그렇다 보니 '쟤는 조금만 움직여도 저렇게 되는구나' 하는 편견이 강화된다. 그러고는 이런 편견을 강화하는 정보를 무의식 중에 수집하게 된다. 실제로 중고등학교 때 럭비를 잘하는 빨간 머리 친구를 본 기억이 없다. 이런 식으로 알게 모르게 빨간 머리에 대한 편견이 머릿속에서 사실이 되는 것이다.

여성에 대한 편견은 더 심하다. 빨간 머리는 아예 남녀 불문하고 '어글리 진저(ugly ginger)'라는 말이 통용될 정도로 못생겼다는 편견을 깔고 간다. 여기에 여성은 성적으로 문란하고, 성격도 불 같다는 편견이 추가된다. 빨강 머리 여성과 사귀다가 여성이 화라도 한 번 내면 진저라서 화를 잘낸다고 치부하는 식이다.

그래서 개인적으로 축구 선수 폴 스콜스가 더 강렬하게

인상에 남았다. 폴 스콜스는 빨간 머리였는데도 맨체스터 유나이티드의 레전드가 됐기 때문이다. 내가 경험한 바로는 빨간 머리 선수는 축구 팀에서 견디기가 정말 어렵다. 그렇지 않아도 축구 팀은 남성성을 추구하는 문화가 강한데 거기에다 빨간 머리라고 하면 기본적인 괴롭힘에 빨간 머리 조롱까지 더해져서 어떤 취급을 받았을지 상상이 간다. 그런데도 스콜스는 잉글랜드 최고의 선수가 됐으니 정말 대단하다는 생각이 들었다.

이렇다 보니 영국에서는 빨간 머리라고 하면 어떤 캐릭터인지에 대한 고정 관념이 있다. 빨간 머리 캐릭터라면 어떤 성격이겠구나 하고 바로 알아채는 것이다. 멜 깁슨이 주연한 〈브레이브 하트〉에는 등장인물 중에 빨간 머리가 많이 나온다. 스코틀랜드인들 중에 빨간 머리가 많기 때문에 빨간 머리가 등장하지 않는다면 부자연스럽게 느꼈을 것이다.

〈해리 포터〉에서 론 위즐리가 영화에 처음 등장했을 때 영국 관객들은 론이 어떤 캐릭터일지 바로 알아챌 수 있었다. 어설프고 남자답지 못한 코믹한 캐릭터라는 것을 누구나 알 수 있었다. 가문 전체가 빨간 머리인 위즐리 가문도 만만하고 무시받는 존재로 그려진다. 영국에서 빨간 머리 캐릭터는 그래야 자연스럽기 때문이다.

영화 〈해리포터〉에서 '빨간 머리' 론 위즐리가 등장했을 때, 영국인들은 그가 어떤 캐릭터인지 금방 알 수 있었다. ⓒGetty Images

그러나 결말로 가면서 위즐리 가문은 가장 성공한 가문이 된다. 원작자 J. K. 롤링도 빨간 머리라서 빨간 머리에 대한 편견을 깨고 싶었는지도 모른다. 〈해리 포터〉는 주인공인 해리에 대한 서사를 제외하면 빨간 머리 가문의 성공담이라고 해도 좋을 이야기다.

빨간 머리는 어린 시절부터 놀림을 받고 괴롭힘을 당하는 경우가 많다. 대놓고 심하게 괴롭히는 사람도 있고, 알게 모르게 놀리고 차별하는 경우도 흔하다. 어떻게 보면 인종 차별보다 더 심각할 수도 있다. 교육을 통해 인종 차별은 안 된다는 것은 배우지만 빨간 머리는 인종이 아니다 보니 인종 차별이나 증오 범죄(hate crime)로 취급받지 않는다. 그래서 빨간 머리 혐오도 증오 범죄로 넣어야 한다는 주장도 있다.

교육이나 제도 개선도 필요하지만 개인적으로는 폴 스콜스처럼 빨간 머리에 대한 편견을 깰 인물이 더 많이 나왔으면 한다.

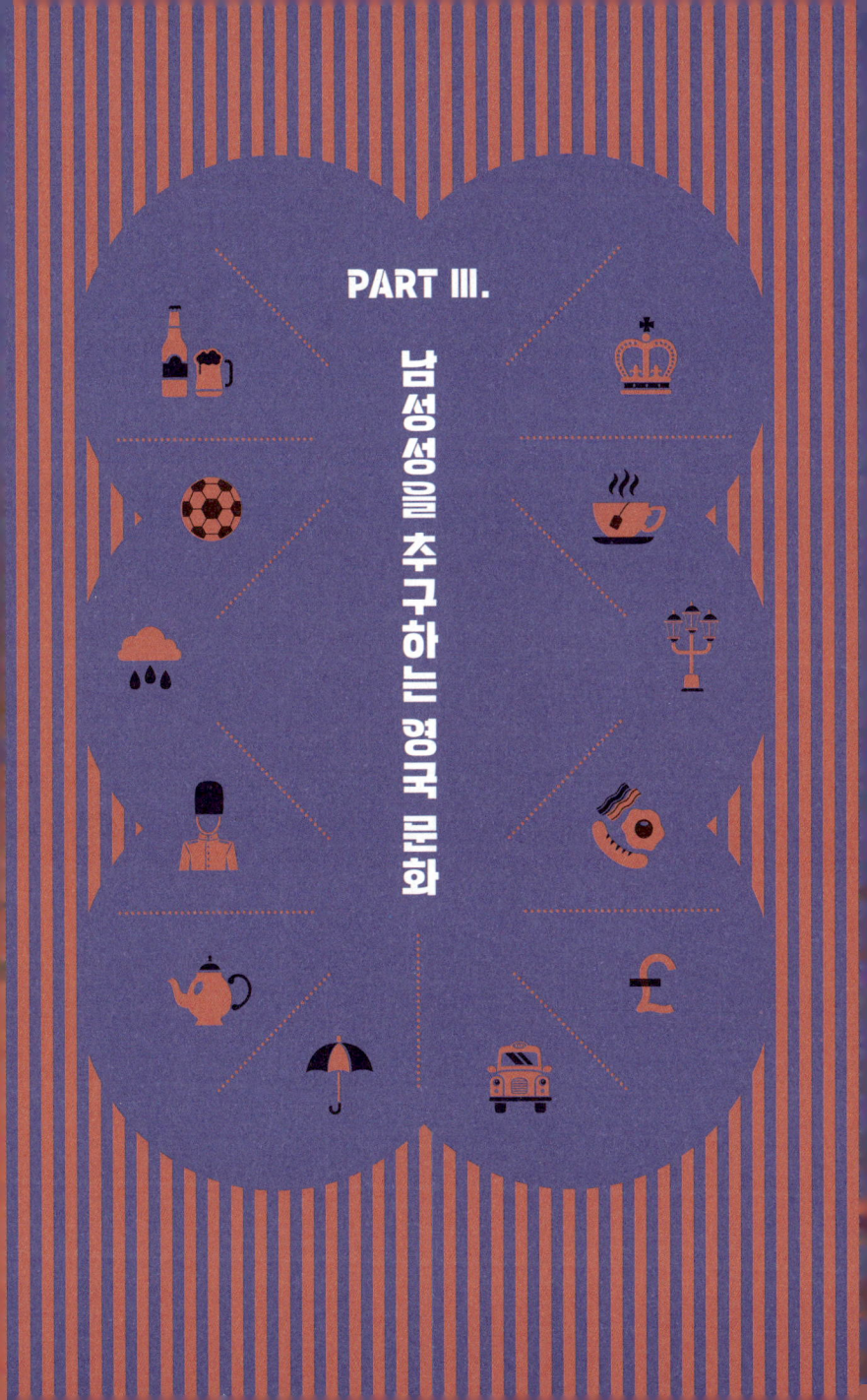

PART III.

남성성을 추구하는 영국 문화

01.

"진짜 남자가 돼라!"

영국인의 정서와 매너, 계층 의식 등을 포괄하면 하나의 키워드가 나온다. '남자다움'을 추구하는 문화다. 이렇게 표현하면 한국에서는 보통 마초(macho) 문화로 알아듣는데, 비슷하지만 결이 많이 다르다. 영국인 입장에서 마초 문화는 미국 문화다. 그 특징을 한마디로 표현하자면 미국 프로 레슬링 선수들을 상상하면 된다. 마초 문화를 극단적으로 보여 주는 캐릭터들이다. 마초는 자기 과시적이고 공격적이며 감정을 과장되게 드러낸다. 예전에는 아예 '마초맨(machoman)'이라는 이름으로 활동한 선수도 있었다.

반면 영국의 남성성(masculinity)은 다르다. 인내하고 절제하며 겸손해야 한다. 이런 것을 보여 주는 대표적인 캐릭터는 '007'이다. 그런데 007이 영국식 남성성을 대표하냐고 하면 꼭 그렇지는 않다. 제임스 본드는 상류층 스타일의 남성성이다. 나 같은 노동자 계층과는 또 다르다. 007은 젠틀하지만 노동자 계층은 터프해야 한다.

영국에서 남자다움을 접하는 첫 번째 계기는 축구다. 항상 "진짜 남자가 돼라!(Be a real man!)"는 말을 들으면서 자란다. 그 척도는 축구다. 남자라면 일단 축구를 좋아해야 한다. 학교에서 점심 시간이 되면 다 운동장으로 뛰어 나가는데, 여자 아이들이 줄을 가지고 노래하면서 게임을 하면 남자들은 보통 축구를 한다. 축구를 하지 않는 남자 아이들은 좀 여성스럽다는 느낌을 받게 된다. 이런 친구들은 1980~1990년대만 해도 놀림을 받았다.

우리 아빠도 옛날 사람이라 항상 나를 걱정하셨다. 내가 엄마한테 투정을 부리면 "계집아이처럼 굴지 마라!(Don't be a girl!)"고 하시면서 혼내셨다. 10대 때 여자한테 관심이 생기면서 머리에 젤을 바르니까 나한테 "푸프터(poofter, 게이)"냐면서 놀리셨다. 엄마는 아빠가 나를 질투해서 그러는 거라며 달래셨는데, 아빠만이 아니라 이런 일이 일상이었다.

전형적인 남성의 이미지에서 벗어나면 그때부터는 놀림당할 각오를 해야 한다. 남자 아이들은 친구들의 약점을 찾

예전에는 축구를 하지 않으면 여성스럽다며 놀림을 받았다. ⓒAlamy

아내려고 기를 쓰는데, 그건 상대방의 여성스러운 면이다. 머리가 길거나 예쁘장하게 생기면 그걸로 놀려먹는다. 핑크색 옷을 입으면 아마 죽을 때까지 놀림거리가 될 것이다. 외모에 신경 쓰는 티를 내면 바로 "너 푸프(poof, poofter의 줄임 말)야?"라는 말을 들어야 한다.

영국 남자들은 친구가 잘생기고 멋지게 생겨도 절대 인정하지 않는다. 젊어 보여도 안 되고 피부가 좋아도 안 된다. 나는 혼혈이라 지금 또래 친구들보다는 젊어 보인다. 게다가 한국에서 방송 활동을 하면서 메이크업이나 스킨 케어도 하게 됐는데, 영국에 가면 "야, 너 피부가 와이프만큼 좋구나?" 하는 말을 듣는다. 남자가 비비크림이나 선크림, 모이스처라이저를 한다고 하면 몸서리를 치면서 나를 게이 취급하고 놀려 먹으려고 한다.

한국에서는 피트니스를 하면서 근육을 만드는 걸 일종의 남성성의 상징으로 보는데, 영국에서는 그런 것도 안 통한다. 헬스를 한다고 하면 "뭐하러 그런 걸 하냐", "잘생겨 보이려고 운동하냐"는 조롱이 날아온다. 영국인들은 호날두의 복근 자랑을 좋아하지 않았다. 저런 복근은 보여 주기식이지 축구 선수한테는 필요 없는 거 아니냐면서 말이다.

매주 금요일과 토요일에는 친구들과 펍에서 진탕 술을

펍에 가면 남자는 꼭 맥주를 마셔야 한다. ⓒGetty Images

마시며 놀아야 한다. 하지만 맥주만 마셔야 한다. 나는 이것 때문에도 힘들었다. 맥주 마시기가 힘들어서 보드카 콕 같은 걸 마시면 바로 또 "넌 왜 계집아이처럼 마시냐?"며 구박을 받았다. 영국에서 남자는 무조건 맥주를 마셔야 한다. 반면 여자들이 마시는 술은 와인이나 칵테일이다. 여자가 펍에서 맥주를 마신다고 하면 레즈비언이냐는 식으로 놀림을 당한다. 레즈비언 아니면 남자다운 여자라는 말이다. 어쨌든 좋은 의미는 아니다.

나는 이런 문화에 익숙해 있었기 때문에 한국에 와서 술집을 갔을 때 여성들이 다 맥주를 마시는 걸 보고 문화 충격을 받았다. 한국에는 레즈비언이 엄청 많은가 보다 하고 나도 모르게 생각했다.

요즘에는 런던을 중심으로 이런 문화도 조금씩 변하고 있는 추세다. Z세대부터는 확실히 다르다. 어릴 때 축구가 아니라 게임을 하는 아이들도 많이 늘었고 헬스장에서 몸을 관리하는 젊은이들도 많다. 여자들이 펍에서 맥주를 마셔도 그렇게 이상하게 여기지는 않는다. 그래도 지방에는 여전히 이런 옛날 문화가 남아 있다.

02

무리의 일원이 돼야 한다

한국 기준으로 보면 영국의 맨리(manly) 문화는 시대착오적으로 보일 수 있다. 한국은 세계적인 트렌드에 맞춰서 사회가 눈 깜짝할 사이에 바뀐다. 한국도 예전에는 남자들에게 남성성을 강요했지만 지금은 이런 문화가 많이 사라졌다. "남자답게 굴어라", "계집아이처럼 굴지 말아라"라는 말을 공개적으로 하면 사회적인 평가가 회복하기 어려울 정도로 떨어질 것이다. 그러나 영국은 아직까지 맨리 문화가 강하게 남아 있다. 요즘 젊은 세대들은 조금씩 바뀌고 있다고는 하지만 변화의 속도는 한국에 비하면 느리다.

맨리 문화의 목적은 자신이 '무리의 일원(One of the lads)'임을 증명하는 데 있다. 남자들 무리 안에서 튀면 안 되고, 자신이 그 무리에 소속돼 있음을 보여 줘야 한다. 이런 문화를 처음 배우는 곳은 역시 스포츠 활동이다. 보통 영국 남자들은 축구를 하면서 맨리 문화에 노출된다. 나도 어릴 적에 축구를 하면서 팀플레이를 하고 파이팅하는 방법을 배웠다. 코치의 말을 듣고, 내 역할에 맞게 플레이하며, 태클을 할 때는 두려워하지 말고 부딪혀야 한다. 그래야 인정받는다. 이런 과정을 거치면서 무리가 형성되고 동료들 간에 끈끈함이 생긴다.

나는 학교에서 럭비를 잠깐 하다가 열다섯 살 정도부터 축구를 적극적으로 시작했다. 학교에는 축구단이 없었기 때문에 학교 친구들끼리 진짜 팀을 만들어 축구협회에 등록하고 유소년 리그에 참가했다. 모두들 축구에 목말라 있었다. 우리 팀은 신생 팀이라 최하위 리그부터 시작했는데 당연히 조직력은 없었지만 파이팅하는 마인드가 좋았다.

나는 상대적으로 실력이 좋은 편이었어서 경기를 하면서 우리 팀 친구들한테 욕을 하기도 했다. 그런데 엄마는 나의 이런 모습을 보고 좋아하셨다. 나는 어릴 적에 소극적이고 수줍음이 많은 성격이어서 엄마랑 시간을 많이 보냈고, 따돌림도 조금 당했었다. 학교에서 몸집이 제일 큰 녀석한테 맞기도 했는데 맞서 싸우지는 못했다. 그렇다고 친구가 아

지극히 사적인 영국

세컨더리 스쿨에서 친구들과 함께 만든 축구 팀, 바넷 원더러스(Barnet Wanderers).

ⓒPeter Bint

예 없는 외톨이까지는 아니었지만 엄마는 나 때문에 걱정이 많으셨다.

학교 친구들은 내 이름을 빗대서 "벤트(bent)"라고 놀리기도 했다. 구부러졌다는 말인데, "너 게이 아니야?" 하는 의미였다. 남자 학교를 다니니까 이런 놀림이 엄청 심했다. 그런 내가 축구를 하면서 터프하게 부딪히고 다른 선수랑 싸우는 모습을 보이니 오히려 안심하셨던 것이다.

이런 시간을 지내면서 무리가 형성되면 거의 평생을 함께하는 친구가 된다. 이 무리 안에서는 무서울 게 없다. 10대 후반이나 20대 초반에는 펍에 가서 친구들이랑 축구를 볼 때가 가장 행복하다. 술 마시면서 축구를 보고, 이기면 기뻐서 소란을 피우고, 지면 기분 나쁘다고 난리를 피운다. 나가서 시비를 걸고 싸움을 하지는 않았지만 자연스럽게 일탈을 하게 된다.

분위기가 이런 일탈을 부추긴다. 영국에서는 축구를 보면서도 남자답게 봐야 한다. 주변에 애들이 있든 말든 욕을 하고 상스러운 응원가를 부르고 상대 팀을 깔아뭉개야 한다. 같이 욕하고 노래를 부르지 않으면 손가락질을 받는다. 그러다가 밖에 나가면 표지판을 부수거나 물건을 집에 가져오기도 한다.

런던 차이나타운에서 축구 팬들이 소동을 일으켜 경찰이 해산을 하고 있다.
무리 문화에 심취하면 훌리건이 된다. ⓒ Getty Images

지금 생각하면 부끄러운 일이다. 그때는 우리가 하나이고, 서로 아끼고, 우정이 깊다는 느낌에 취해 있었다. 이런 느낌에 너무 심취하면 훌리건이 돼 버리겠지만 이렇게 해야 '영국 남자다운' 것이라고 생각한다.

이렇다 보니 자신의 무리를 깨뜨릴 수 있는 일이 발생하면 그 원인을 제공한 녀석에게 총공격을 가한다. 대표적인 사례가 여자 친구를 사귈 때다. 누군가가 여자 친구를 사귄다고 하면 팔불출 취급을 받는다. 여자 친구한테 시간을 쓴다고 하면 절대 용납하지 않는다. 막상 자기가 여자 친구를 사귀면 데이트를 해도 되지만 너는 안 된다는 거다. 친구들이 행복한 꼴을 못 본다. 나도 이런 이유로 친구들이랑 거의 1년 가까이 안 본 적이 있었다. 그동안 친구들이 나를 얼마나 씹어 댔을지 안 봐도 훤하다. 왜냐하면 나도 다른 친구가 여자 친구를 사귄다고 빠졌을 때 나머지 친구들과 함께 욕을 했기 때문이다. 그러고 싶지 않았지만 당한 게 많다 보니 자연스럽게 나도 여자 친구에 빠진 친구를 욕하게 됐다.

03.

상류층의 무리 짓기

노동자 계층의 맨리 문화가 축구와 펍을 통해 형성된다면, 상류층은 럭비와 사립 학교를 통해 맨리 문화가 이어지는 것 같다.

퀸 엘리자베스 스쿨은 다른 건 몰라도 럭비에는 진심이었다. 학교에 팀이 A부터 E까지 총 5개가 있었고, 각각 15명씩 75명이 소속되어 있었다. 학년당 학생 수가 180명인데 그중 3분의 1이 럭비를 한 것이다. 잘하면 A쪽으로 올라가고, 못하면 E쪽으로 떨어진다. 다른 분야에서는 그리 경쟁시킨다는 느낌은 없는데, 럭비만큼은 경쟁을 시켰다. 나는 처음에 C팀으로 시작해서 B팀까지 올라갔다. 그런데 럭비를 계속하기가 무서웠다. 결국 럭비 팀에서는 빠졌고 따로 축구 팀을 만들어서 활동하게 됐다.

솔직히 럭비를 그만둘 때는 내가 겁쟁이라는 생각이 들었다. 럭비는 맨리 그 자체를 극한으로 보여 줘야 하는 스포츠다. 터프함으로 치면 따라올 스포츠가 얼마나 있을까 싶다. 몸싸움이 허용되기 때문에 살벌하게 부딪힌다. 태클하면서 코가 부러지고 뼈에 금이 가는 건 예삿일이다. 훈련 때도 어마어마한 인내가 필요하다. 흙투성이가 되고, 피 흘리고, 비를 맞고, 아무리 추워도 훈련을 하고, 경기를 뛰어야 한다. 무조건 싸워서 이겨 내야 한다는 정신이 있어야 한다. 상대가 지역 라이벌이라면 죽어도 이겨야 한다. 이런 터프함이 있어야 할 수 있는 스포츠가 럭비다.

학교에서도 럭비를 잘하면 인정하고 높이 평가한다. 학생회 멤버가 되고, 선생님들이 예뻐하고, 학교의 스타가 된다. 이런 경험을 하게 되면 엄청난 자부심이 생길 수밖에 없다. 나는 최고이고 누구와 붙어도 이길 수 있다는 자신감이 생긴다.

이런 문화가 극대화되는 곳이 명문 사립 학교다. 상류층들은 아예 프라이머리 스쿨 때부터 자식들을 기숙 사립 학교로 보낸다. 다섯 살 때부터 상급생들 밑에서 위계 질서를 익히고, 럭비 같은 스포츠를 하면서 자신이 최고라는 걸 입증해야 엘리트로서 인정받게 된다. 일부 사립 학교들은 선배들이 후배들에게 갑질하는 문화로 악명이 높았다. 선배들이 군대처럼 기강을 잡는다거나, 성폭행을 비롯한 각종 악습을 저지르는 것으로 유명했다. 선생님들도 수업 시간 외에는 방관하는 분위기가 강했다.

이런 문제가 이슈화되면서 많이 완화됐다고는 하는데, 실제로는 어떨지 모르겠다. 사립 학교 졸업생들 중에는 여전히 그런 문화를 긍정하는 사람도 있을 것이다. 강하게 성장해야 하고, 그래야만 성공한다고 스스로를 설득하는 것

스코틀랜드 고든스타운 스쿨에 입학했던 찰스 3세.
진정한 영국 남자로 만들고자 한 영국 왕실의 선택이었다. ⓒ연합뉴스

상류층의 무리 짓기

이다. 왕족이라고 예외는 없다. 찰스 3세는 섬세하고 예민한 성격이었는데, 아버지인 필립공이 이걸 고쳐보겠다며 자신의 모교인 스코틀랜드의 고든스타운 스쿨로 아들을 보냈다. 스파르타식 학교였던 그곳에서 찰스 3세는 럭비를 하다가 코가 부러지기도 했고, 따돌림을 당했다고도 한다.

문화라고 하는 건 적절치 않을 수도 있겠다. 대학교 럭비 팀 들어 가려면 의식을 치러야 한다. 그 과정은 기괴하고 잔인할 정도다. 폭탄주에 소변을 섞어 마시게 하는 등 모욕적인 과정을 거쳐야 한다. 의지와 열정을 보여 주라는 것이다. 그것을 인증하면 그때부터는 가족이다. 마치 결사대라도 뽑는 양 자신들의 무리에 가입하는 의식을 치른다.

럭비 팀뿐만이 아니라 대학교에서 상류층의 사교 클럽에 가입하는 방식도 정상이 아니다. 2015년에 영국에서는 돼지 게이트(#piggate)가 이슈가 된 적이 있었다. 데이비드 캐머런 당시 총리가 옥스퍼드 대학교 시절에 마약을 했고, 한 사교 클럽 입회식 때 돼지머리로 외설적인 행동을 했다는 보도가 나왔다. 별다른 근거가 없는 이야기로 밝혀졌지만 정치인에게는 치명적인 스캔들이었다. 그런데 영국인들의 반응은 어땠을까? 생각보다 조용히 지나갔다. 영국인들은 '저놈들이 그렇지 뭐' 하면서 넘긴 것이다.

지극히 사적인 영국

상류층의 (범죄에 가까운) 일탈 행위는 익숙하다. 그중 가장 유명한 곳이 옥스퍼드 대학교의 불링던 클럽(Bullingdon Club)이다. 이 클럽은 저녁 만찬 클럽인데, 식당이나 펍을 예약해 놓고는 술을 마시고 집기를 때려 부수며 난동을 피우는 것으로 명성이 자자하다. 식당 주인들은 불링던 클럽이라고 하면 예약을 받지 않을 정도다. 그래서 가명이 아니면 예약을 할 수 없을 정도였다. 이 클럽은 술을 진탕 마시고, 식당을 때려 부수고는 그 자리에서 막대한 현찰을 뿌려서 배상

〈인디펜던트〉지에 게재된 불링던 클럽 관련 기사. ⓒAlamy

한다. 명백한 범죄 행위지만 유야무야 넘어간다. 영국 전 총리였던 보리스 존슨과 데이비드 캐머런도 이 클럽의 멤버였다. 그런데 이 막돼먹은 클럽과 돼지 게이트는 상관이 없다. 캐머런의 돼지 게이트는 또 다른 클럽 이야기다.

부유한 상류층이 자기들끼리 뭉치면 아예 눈치도 안 본다. 자기들끼리 끈끈한 인맥을 만들고 뒷배가 든든하니 거리낄 게 없다. 범죄에 가까운 물의를 일으키면 비난을 받지만 딱히 처벌을 받지도 않는다. 불링던 클럽은 최근 회원수가 급격히 줄어들었다고 한다. 너무 대놓고 부를 과시하면서 행패를 부려서다. 맨리 문화는 과시가 금기인데, 이걸 어겼기 때문에 비난을 받게 됐고, 이미지가 나빠지니 새로운 멤버도 모이지 않게 된 것이다.

이런 꼴을 보면 솔직히 화가 나면서도 부럽다. 내가 저들과 같은 서클에 들어갈 수 있었다면 나는 어땠을까? 나도 그들처럼 막돼먹은 행동을 했을 것 같다는 생각이 든다. 아무 눈치도 볼 필요가 없고 끈끈한 그 무리에 들어가 있다면 굳이 매너를 지킬 필요가 없지 않을까?

04.

계층별로 나뉘는 남자만의 공간,
소셜 클럽

영국의 계층 문화를 이야기할 때 소셜 클럽(Social Club)을 빼 놓을 수 없다. 소셜 클럽은 계층이나 학교, 직업, 지역 등에 따라 다양한 종류가 있다. 앞서 언급한 옥스퍼드나 케임브 리지 같은 명문 대학교에서 사립 학교 출신들이 결성한 클 럽들도 있고, 런던을 중심으로 상류층들이 결성한 클럽들 이 있다. 후자는 대체로 '젠틀맨스 클럽'이라고 불린다. 귀 족이나 정치인 등이 그 구성원이다. 영국 드라마 〈셜록〉에 서 셜록의 형인 마이크로프트가 신문을 읽거나 차를 마시 는 장소가 가끔 나오는데, 그런 곳이 젠틀맨스 클럽의 클럽 하우스의 전형이다. 영국인들이 생각하는 '젠틀맨스 클럽' 이 그런 이미지라는 말이다.

베네딕트 컴버배치는 1831년에 설립된 젠틀맨스 클럽 '개릭 클럽(Garrick Club)의 회원이다. ⓒHawkins&Brimble

나는 이런 고급 클럽에 가 본 적은 없지만 간접적인 체험은 해 봤다. 주한 영국 대사관에서는 금요일마다 소셜 나이트라는 행사를 여는데 거기에 가려면 그 안의 멤버가 데려가거나 초대를 받아야 한다. 이 행사에 한두 번 가 봤는데, 기존 멤버와 초대된 사람의 구분이 있고, 무엇인가 내가 어울리기 힘든 묘한 분위기가 있었다.

젠틀맨스 클럽은 아무나 들어갈 수 없다. 회원제로 운영하고 인맥들의 추천을 통해서만 들어갈 수 있다. 회원비도 수백만 원 이상일 정도로 비싸지만 돈이 있다고 들어갈 수 있는 곳이 아니다. 상류층들은 사립 학교와 대학교를 거쳐 사회에서는 소셜 클럽을 통해 네트워크를 유지·확장한다.

젠틀맨스 클럽은 영국 영화나 드라마에서 볼 수 있는 고상한 매너를 가진 '신사'들의 모임이다. 여성들은 가입이 허용되지 않는다. 폐쇄적인 공간이고, 남성 중심인데다, 상류층이다 보니 가끔 추문도 있다. 그곳의 웨이트리스나 클럽에 따라온 여성들과 바람을 피운다든가 하는 일들이다. 엘리자베스 2세 여왕의 남편인 필립공도 이런 추문의 주인공이 되어 입방아에 오른 적이 있었다.

노동자들을 위한 '워킹맨스 클럽'도 있다. 19세기 중반부터 블루칼라 노동자들을 중심으로 소셜 클럽이 생겨났다. 상류층들의 클럽을 보고 자연스럽게 따라 만들었다고 보면 될 것이다. 노동자 계층의 소셜 클럽은 보통 지역이나 직업 중심으로 만들어진다. 나이를 좀 먹은 남자들에게 소셜 클럽은 중요한 공동체다.

특히 노동자들의 클럽은 각별하다. 노동자 계층끼리 모여서 친목을 다지고 마음 편히 쉴 수 있다. 배경이 비슷하니 적응하기도 편하고 눈치 볼 필요도 없다. 술 마시고 스누커(영국식 당구)를 하거나 축구를 보면서 논다. 회비도 싸다. 많아야 50파운드 정도다.

보통 금요일 저녁에 가는데 와이프 눈치를 볼 필요도 없다. 여자들도 보통 그러려니 하고 보내 준다. 너희들도 쉬고 나도 좀 쉬자 하는 느낌이다. 이런 곳의 분위기는 젠틀맨스 클럽과는 완전히 다르다. 비슷한 사람들끼리 모여 있는 펍에 가깝다고 하면 비슷하다.

아빠도 자주 가시는 클럽이 있었다. 왕립재향군인협회다. 이곳은 군인이나 참전용사 등을 위한 사교 클럽이다. 아빠는 군인으로 퇴역했기 때문에 이곳의 회원 자격이 있었다. 이 클럽은 가입비가 없고 지부도 많다. 군인 복지를 위해 만들어진 클럽이기 때문이다. 무료라고 해서 시설이 나쁜 것도 아니다. 동네마다 중심가의 좋은 건물에 클럽 하우스가 있는 경우가 많다.

아빠는 이곳을 매주마다 거의 무조건 가셨다. 여기에 가면 맥주를 싸게 마실 수도 있고 군인 친구들을 많이 만날 수 있다. 이곳에 갈 수 있다는 것 자체를 약간의 특혜, 혹은 자부심으로 느끼셨던 것 같다. 아빠의 인생이 잘못되지 않았다는 것을 증명해 주는 곳처럼 보였다.

어렸을 때는 아빠가 왜 이렇게 클럽에 가시는지 이해하기 어려웠는데, 지금은 이해가 간다. 자신과 비슷한 사람들끼리 모여 긴장을 풀고 쉴 수 있는 장소가 필요했던 것이

솔즈베리에 위치한 왕립재향군인협회 지부. ⓒVisitWiltshire

다. 영국인들은 생각보다도 소속감이 중요한 것 같다. 영연방도 그렇고, 클럽도 그렇고, 무언가를 만들어서 소속되려고 한다.

요즘에는 클럽 문화도 많이 변하고 있다. 소셜 클럽 문화가 워낙 남성 중심적이라 비판을 많이 받고 있다. 젠틀맨스 클럽이든, 워킹맨스 클럽이든, 여성에게 개방하는 클럽도 늘어나고 있다. 물론 기성 세대는 이런 변화를 싫어한다.

상류층들의 클럽은 어떤지 모르지만 워킹맨스 클럽은 점차 사라지고 있다. 지방은 그래도 많이 남아 있다고 하는데, 런던에서는 점점 찾아보기 어려워지고 있다.

이렇게 된 데에는 여러 가지 원인이 있다. 일단 젊은 층이 보기에 워킹맨스 클럽은 올드하다. 여성들에게 점차 개방하고 있다고는 해도 분위기가 좀 거칠고 투박한 느낌이다. 런던의 높은 부동산 가격도 문제다. 전통적인 노동자 계층의 거주지가 축소되면서 클럽도 런던에서 유지하기에는 재정 부담이 커졌다. 여기에 런던에는 이민자가 많아 전통적인 백인 노동자 클럽이 명맥을 잇기 어려워지고 있기도 하다. 마거릿 대처 정부 이후로 노조가 약화되면서 워킹맨스 클럽이 위축된 것도 원인이다. 워킹맨스 클럽은 노조와 연계되어 있는 경우가 많았는데, 노조가 약해지면서 워킹맨스 클럽과의 연계도 느슨해진 것이다.

영국의 소셜 클럽은 학창 시절부터 시작되는 계층 나누기를 공고화하는 공간이다. 클럽 간의 벽은 있지만 안에서는 비슷한 사람들과 즐기며 유대를 강화한다. 한국 사람들이 보기에 이런 구분 짓기가 이상해 보일 수 있을지 모르지만 영국인에게는 자연스러운 일상이다.

05.

계층 사다리를 올라가지 않아도
행복하다

영국식 매너와 계층에 대해 이야기하면 한국 사람들은 혼란스러워한다.

"영국인들은 매너를 중시한다면서 왜 축구장이나 펍에서는 망나니가 되는가?"

"계층이 이렇게 확실히 구분되는 데 불합리하다고 생각하지 않는가?"

일반적인 영국인이라면 이런 질문을 받거나 생각해 볼일이 없다. 나 역시 한국에서 살지 않았다면 이런 생각을 깊이 해 보지는 않았을 것 같다.

한국 사람에게는 영국 사회가 상당히 엄격하고 절제된 생활 태도를 요구하는 것처럼 보이는 것 같다. 그런데 축구장이나 펍에서는 홀리건들이 난동을 피우는 것을 보면 사회의 억압이나 스트레스를 저런 곳에서 푸는 건가 보다 하고 해석한다. 나로서는 동의할 수 없는 분석이다. 사회가 나에게 스트레스를 준다는 생각은 해 본 적이 없다. 따라서 축구장이나 펍이 억눌린 감정이 폭발하거나 배출구가 된다는 인식도 없다.

이렇게 말하는 사람들은 학자들이거나 중산층 사람들일 것이다. 노동자 계층에서 자라온 입장에서는 이런 해석을 받아들일 수 없다. 사회 환경은 자연스럽게 나에게 주어진 것이다. 최소한의 매너만 지키면 되는데 이게 억압이나 스트레스가 되지는 않는다. 한국 사람이 보기에는 영국 사회가 눈치를 많이 보고 남을 신경 쓰며 배려해야 하니 피곤할 거라고 생각할 수 있다. 그러나 나는 그저 문화가 다른 것뿐이라고 생각한다. 제대로 된 영국인이라면 이런 일상이 피곤하다고 생각하지는 않을 것이다.

축구장이나 펍에서 홀리건들이 난동을 피우는 건 자랑스러워할 일은 아니다. 축구장에 가면 팬들이 어마어마하게 욕을 한다. 아이들을 데려가기는 좀 부담스럽다. 우리 아빠도 집에서 축구를 보실 때는 안 하시던 욕을 엄청 하셨다. 다른 팀 욕은 물론이고 외국 선수가 반칙이라도 하면 "저놈

은 스페인 놈이라서 그래", "이탈리아 놈이라서 그래" 하는
식으로 인종 차별에 가까운 말도 하셨다.

당연히 이런 곳에서 영국식 매너는 없다. 그러므로 이런
곳들이 억압에 대한 배출구라고 하면 그건 틀린 말이라고
하고 싶다. 이런 곳들은 그냥 자연스럽게 즐기는 공간이 된
것뿐이다. 축구를 즐기는 문화가 조성된 공간에서 우리 팀
의 팬끼리 자유롭게 즐기는 곳일 뿐이다. 이런 곳에서는 매
너가 아니라 무리(lads)임을 보여 주는 게 낫다. 그래서 남성
성을 과시하려고 하는 것이다.

계층에 대해서도 마찬가지다. 한국 사람들은 영국의 왕
족(Royalty)-상류층(Upper Class)-중산층(Middle Class)-노동자 계
층(Working Class)-하류층(Lower Class)으로 이어지는 계층 구분
을 이해하지 못한다. 어떻게 현대 민주 국가에 이런 계층
구분이 있냐면서 말이다. 그런데 질문의 내용을 잘 생각해
보면 영국의 계층을 한국식으로 해석해서 일어나는 오해가
가장 큰 것 같다.

한국인들은 왕족이나 상류층을 조선 시대 양반 같은 특
권 계층이라고 생각하는 것 같다. 물론 그런 면이 있기는
하다. 왕족은 물론이고 상류층도 아무나 될 수 없다. 아무리
돈이 많아도 중산층과 상류층 사이 정도는 될 수 있을지언

영국 남자에게 축구장은 매너가 아니라 무리의 일원임을 보여 주는 공간이다.
ⓒGetty Images

정 상류층은 될 수 없다. 가문의 역사가 뒷받침되지 않으면 아무도 상류층으로 인정해 주지 않는다. 왕에게 작위를 받으면 그 사람은 상류층으로 인정받는다. 그러나 그의 자식들은 상류층이 아니다. 지금은 세습되는 작위를 수여하지 않는다.

그런데 이런 상류층이 가지고 있는 작위는 그저 명예직에 가까운 것이다. 일반적인 영국인들은 공작(duke), 후작(marquess), 백작(earl) 자작(viscount) 남작(baron) 같은 작위를 잘 모른다. 뭐가 높고 낮은지도 관심이 없다. 가끔 뉴스에 에든버러 공작(Duke of Edinburgh) 같은 게 언급돼서 조금 익숙한 정도도.

이들이 예전의 중세 시대 같은 특권을 가지고 있지는 않다. 사람을 자기 마음대로 부리거나 인권을 유린할 수도 없다. 지금도 그러고 있으면 아마 예전에 사라졌을 것이다.

영국인들이 이들을 보는 시선은 '딱히 예쁘지는 않지만 갖다 버릴 수는 없는 관상용 동물' 정도라고 해야 할까. 그들이 돈도 있고 상류층으로서 많은 것들을 누리고 있다는 사실은 알고 있다. 다만 그런 것들을 계속 누리고 싶다면 조용히 지내라는 것이다. 상류층으로서 더 엄격하게 매너를 지키고 사회적 물의를 일으키지 않는다면, 그들의 존재

지극히 사적인 영국

엘리자베스2세 여왕의 남편, 에든버러 공작 필립공. ⓒAP

에 대해 시비를 걸지 않고 관심도 갖지 않는다.

옛 귀족, 즉 상류층이라고 해서 그들을 부러워하거나 선망하지도 않는다. 노동자 계층 출신으로 돈을 많이 번 사람이라면 상류층으로 '신분 상승'을 해야 한다고 생각하지도 않는다. 성공해도 오히려 자신이 노동자 계층 출신인 것을 자랑하고 더 드러내려는 경우도 많다.

한국은 돈을 벌고 사회적 지위를 올리는 것을 성공의 기준으로 삼는 것 같다. 영국에서는 그런 개념이 희박하다. 노동자 계층은 우직하고, 솔직하고, 성실하게 나의 위치에서 내 몫을 버는 것을 미덕으로 안다. 어쩌면 이를 신성하게 여긴다고나 할까. 누군가가 이런 정체성을 무시한다면 큰 싸움이 날 수도 있다. 직업에 대한 이런 태도 때문인지 영국에서는 직업에 대한 귀천을 따지지 않는다. 이런 면도 한국과는 다른 점이다.

노동자 계층은 사회적으로 존중받을 만한 존재라는 자부심을 가지고 있다. 일부 상류층들은 노동자 계층이 거칠고 투박하다며 거리를 두려고 하지만, 대놓고 무시하지는 못한다. 노동자 계층을 정직하고 성실한 계층으로 보는 전통이 여전히 유효하기 때문이다. 그래서 노동자 계층 출신들은 자신의 정체성을 유지하면서 살아가는 것을 가치 있게

지극히 사적인 영국

여긴다. 상류층이 될 수 있는 기회가 있다고 해도, 노동자 계층의 정체성을 지키려고 하는 이들이 많다. 물론 더 나은 삶을 추구하는 마음은 있지만, '계층을 올라간다'는 식의 인식은 한국에 비하면 훨씬 약하다. 그들에게는 그들의 세계가 있고, 우리에게는 우리의 세계가 있을 뿐이다.

06

영국 여성 캐릭터가 부재한 이유

영국은 겉보기에 매우 남성 중심적인 사회로 보인다. 나 역시 그렇게 느낀다. 사회 구조와 문화 전반이 남성을 중심으로 짜여져 있다.

영화나 드라마 같은 대중문화 속에서도 '젠틀맨'이나 '노동자 계층 남성'은 특정한 이미지로 반복적으로 등장한다. 하지만 여성은 그에 비해 훨씬 흐릿하다. 영국 여성을 대표하는 전형적인 캐릭터는 쉽게 떠오르지 않는다.

제임스 본드나 셜록 같은 캐릭터는 대영제국, 계층, 매너와 같은 영국 국가 정체성의 투영물이다. 시대에 따라 형태는 달라지지만, 이들은 공통적으로 잘나가던 영국의 과거를 되살리는 '멋진 남성'을 상징한다. 매너 있고, 강하며, 유머 감각도 있는 이 남성상은 제국의 잔향과도 같다.

반면 노동자 계층 남성은 조금 더 다양한 방식으로 묘사된다. 거칠고 단순하지만 가족을 소중히 여기고 성실한 일꾼이다. 부정적으로 보면 훌리건이고, 유쾌하게 그리면 영화 〈풀 몬티〉의 아저씨들 정도가 될 것이다. 어쨌든 이들도 역시 가정의 중심이자 노동의 주체로 그려진다.

그러나 이런 맥락 속에서 영국 여성을 대표하는 캐릭터는 거의 보이지 않는다. 제임스 본드에 해당하는 여성 캐릭터는 없다. 영국 국가 정체성을 투영한 여성은 드물다. 제국주의를 여성에 투사하는 것 자체가 무리였기 때문이다.

엘리자베스 2세 여왕이나 마거릿 대처 같은 인물도 여성으로서가 아니라, 왕 또는 총리라는 역할로 기억된다. 이들은 여성 캐릭터가 아니라, 국가 기구를 상징하는 존재다. 노동자 계층 여성도 마찬가지다. 경제적 약자로서 중심 역할을 맡기 어려웠고, 남성들처럼 자기만의 사교 공간도 없었다. 그래서 문화적 이미지로 떠오르기가 더더욱 어려웠다.

이렇다 보니 영국은 완전히 남성 중심의 사회로 보일 것 같다. 그렇지만 영국 여성들이 가만히 있었던 것은 아니다. 19세기부터 시작된 참정권 운동이 노동권, 페미니즘 운동으로 이어져 '정치적 올바름(Political Correctness, PC)'으로까지 진화하며 여성들의 권리를 확장해 왔다.

그 덕분에 영국 사회도 많은 변화를 겪었다. 속도는 느리지만 가시적인 성과들이 점점 드러나고 있다. 내 입장에서 가장 큰 변화는 역시 축구다. 프리미어 리그에서 여성 심판은 상상도 못했는데 2023년에 레베카 웰치(Rebecca Welch)가 사상 처음으로 여성 주심을 맡았다. 축구 팬들이라면 놓칠 수 없는 축구 팟캐스트인 〈매치 오브 더 데이(Match of the Day)〉에는 여싱 해설사가 나오기 시작했다.

물론 올드팬들은 "어떻게 여자가 심판을!", "여자가 축구를 알아?" 하면서 반발했다. 사실 나도 〈매치 오브 더 데이〉에서 여성 해설자가 나왔을 때는 '잘할 수 있을까?' 하는 생각이 머리를 스쳤다. 그러나 익숙해지니까 곧 괜찮아졌다.

그러나 올드팬들 중에는 이런 변화를 받아들이기 힘들어하는 사람들도 있다. PC 문화가 확산되면서 경기장 안의 언어와 행동도 달라졌다. 이제는 응원가를 부를 때나 야유를 할 때 여성 혐오나 인종 차별 등의 요소를 담으면 퇴장당하거나 심하면 감옥에 갈 수도 있다. 올드팬 입상에서는 자신의 자유로운 공간이 침해당한다고 느낄 것이다. 무엇이든 거리낌없이 할 수 있던 장소가 이제는 감시를 받는 공간이 되어 버렸다. 예전에는 상대 팀에게 거친 말을 쏟아붓

영국에서 조금씩 여성의 위상이 높아지고 있는 것을 방증하는 인물, 레베카 웰치.

©Getty Images

고 욕을 해도 괜찮았는데, 지금은 비난 받고 처벌까지 받을 수 있으니 힘들어 한다.

이로 인해 PC에 대한 반감도 증가하고 있다. 영국은 미국과 가깝고, 그래도 선진국이라 PC주의가 빨리 유입됐지만, 미국만큼 대중화되는 건 느린 편이다. 이민자가 많고 국제화된 도시인 런던에서는 거부감이 덜하지만, 노동자 계층 사이에서나 지방에서는 거부감이 높은 편이다.

PC주의는 영국 문화와 충돌하는 부분이 많다. 특히 남성성을 해체하고 사회적 평등을 추구하는 것은 영국의 기성세대에게는 큰 충격이다. 영국 남자의 남성성은 계층의 정체성과 결합돼 있다. 이를 해체하는 것은 곧 정체성을 무너뜨리는 것이다.

게이 혐오도 문화에서 나온다. 남자들은 어릴 때부터 남성적인 모습을 보이지 못하면 엄청나게 놀림받는다. 남성성이 강조되는 축구 선수들은 지금도 커밍아웃을 꺼린다. 그렇게 하면 팬들로부터 엄청난 비판을 받고 커리어를 망칠 게 뻔하기 때문이다.

이런 이유로 영국의 남성 중심주의는 조금 더 시간을 두고 지켜봐야 할 문제다.

이런 이유로 영국의 남성 중심주의가 완화되는 데에는

지극히 사적인 영국

시간이 필요하다. 그런데 남성 중심주의가 완화되면 '전형적인 영국 여성'을 대표하는 캐릭터가 나올 수 있을까? 그럴 것 같지는 않다. 그럴 필요가 없기 때문이다. 전형적인 영국 남성 캐릭터는 제국 시절이나 계급적 정체성이 투영되어 만들어진 것이다. 제임스 본드는 여전히 멋있지만 흘러간 시대의 산물이다. 지금의 영국은 그때와는 다르다. 다양한 목소리와 개성을 표현할 수 있는 캐릭터가 등장해서 대중의 지지를 얻는다면 꼭 '영국적인' 인물이 아니더라도 상관없지 않을까. 영어만 들어 보면 영국인인지 아닌지는 바로 알 수 있으니 말이다.

07

괜찮은 영국 남자의 기준

영국의 학교는 원래 대부분 남녀 공학이다. 그런데 나는 세 컨더리 스쿨 때부터 남자 학교를 다녀서 사춘기 시절의 연애에 대해서는 잘 모른다. 듣기로는 한국보다 훨씬 자유로운 분위기에서 연애가 이뤄진다고 한다. 데이트도 자연스러운 일이라고 한다. 하지만 나는 남자들 틈바구니에서 성장했기 때문에 이런 달콤한 일들은 별로 경험해 보지 못했다.

남자들하고만 어울리며 학교를 다니고, 펍에서 만나는 친구들도 거기서 거기다 보니 연애를 할 때 애로 사항이 많았다. 일단 친구들이 연애 자체를 인정하지 않았다. 연애를 시작하면 친구들과의 만남은 줄이는 게 정신 건강에 좋다. 여자 친구를 펍에 데려가서 친구들과 함께 만나면 마음이 심란하다.

나는 맥주를 마시지 않는데, 여자 친구 앞에서 친구들이 "피터는 남자도 아냐. 맥주도 못 마시거든" 하며 대놓고 놀린다. 여자 친구가 같이 나를 놀리면 그나마 낫다. 하지만 여자 친구가 내 편을 들기라도 하면 더 끔찍한 일이 기다린다. 여자 친구가 돌아간 뒤에는 온갖 조롱이 쏟아진다. 시간이 아무리 지나도, 만날 때마다 똑같은 레퍼토리로 놀림을 받는다.

그렇다고 연애 상담을 이성 친구에게 하면 또 문제다. "너 게이냐?" 하며 욕을 먹는다. 결국 연애 상담도 남자 친구들에게 해야 한다. 그런데 생각해 보면 남학교만 나온 녀석들이 도대체 뭘 안다고 연애 상담을 한다는 건지 모르겠다. 남성성만 강조하다 보니 들을 만한 조언은 거의 없다. "그냥 남자답게 직진해!", "네가 하고 싶으면 걔가 따라오겠지" 이런 식이다. 한국 기준으로는 여성 혐오 발언으로 문제가 될 만한 말들을 하면서 자신들이 연애 전문가라도 되는 양 말한다.

남자들끼리만 어울리다 보면 나도 모르게 이런 분위기에 젖어들게 된다. 영국 축구 해설자들 중에도 설화에 휘말린 이들이 있었다. 방송이 끝났는데 마이크가 꺼지지 않은 상태에서, 철없는 10대 남자애들이나 할 법한 음담패설을 내 뱉은 것이다. 남성 축구 팬들은 "우리가 펍에서 늘 하는 얘기구만" 하고 웃어넘겼지만, 여성들은 매우 불쾌해했다. 방송국이 조사를 하긴 했지만 큰 징계는 없었다.

이런 분위기에서 연애를 하게 되면 여자 친구에게 집중하는 게 정신 건강에 좋다. 여자 친구와 함께 있으면 마음이 편하다. 틈만 나면 물어뜯는 친구들이 없기 때문이기도 하고, 신지한 이야기를 나눌 수 있어서이기도 하다. 친구들과는 도무지 진지한 얘기를 할 수가 없다.

하지만 여자 친구와 아무리 좋은 분위기가 이어져도 남은 벽이 있다. 바로 여자 친구의 아버님이다. 어느 정도 사귀다 보면, 주말쯤 아버님이 자신의 근거지인 펍으로 나를 소환한다. 그 자리에서 검증을 받는 것이다. 아버님과 아버님의 친구들이 쫙 깔린 자리에서, 어떻게 노는지, 쓸 만한 놈인지 단체 면접을 치른다. 예전에 여자 친구의 아버님께 불려 갔던 일이 있는데, 그때의 부담감이 아직도 생생하게 기억닌다.

나는 맥주를 잘 마시지 못하는데, 그것부터가 마이너스였다. 아마 아버님도 나 때문에 친구들에게 놀림을 받았을 것이다. 그나마 내가 다녔던 학교가 이름 있는 편이라서 조

지극히 사적인 영국

금은 점수를 땄을지도 모른다. 영국은 한국처럼 학벌을 중
요시하지는 않는다. 다만 내가 다닌 학교가 그래도 동네에
서 유명했으니 질이 나쁜·녀석은 아닐 거라는 정도로 평가
받았을 거라는 이야기다.

여기서 인정을 받으면, 그때부터는 '무리의 일원(one of the
lads)'이 된다. 함께 어울릴 수 있는 존재, 가족처럼 대우받는
대상이 되는 것이다. 무슨 일이 생기면 연락해서 도움을 받
을 수도 있다.

하지만 여자 친구의 아버님에게 인정받기 위한 조건이
하나 더 있다. 바로 손재주가 있어야 한다는 것이다. 영국
남자들은 이런 면에서 고충이 있다. 주택에 사는 경우가 많
고, 영국인들에게 정원은 필수다. 그러니 집을 보수하고 정
원을 가꿀 줄 알아야 '괜찮은 남자'로 인정받을 수 있다.

이런 문화는 인건비가 비싼 영국의 현실에서 비롯된 면
이 있다. 사람을 한 번 부르면 기본이 100파운드다. 손재주
가 없으면 돈으로 때워야 하는데, 그건 경제적으로 큰 부담
이다.

한국은 서비스 비용이 영국보다 훨씬 저렴하다. 아파트
에 살면 더 편하다. 문제가 생겼을 때 관리 사무소에 연락
하면 웬만한 문제는 다 해결된다. 타이어 펑크가 나면 저렴

대부분의 영국인들이 정원이 딸린 주택에서 거주하는 까닭에 자잘한 수리가 필
요한 일이 많다. 남자의 손재주가 중요한 이유다. ⓒGetty Images

한 가격에 공업사에서 '지렁이'로 수리할 수 있다. 이런 서비스는 영국에서는 기대하기 어렵다. 나는 손재주가 없는 편인데, 한국에 살면서 큰 혜택을 받고 있다고 느낀다. 손재주가 없어도 문제없는 한국은 정말 좋은 나라다.

만약 내가 지금도 영국에 살고 있고, 아내도 영국인이었다면, 나는 '못난 남편'의 표상이 되었을지도 모른다. 어쩌면 결혼 자체가 어려웠을 수도 있다.

영국 남자들은 많은 걸 할 줄 알아야 한다. 마당 뒤에 창고를 만들거나, 마루를 깔거나, 페인트 칠은 기본적으로 해야 한다. 하수구를 손보고 전기도 다룰 줄 알아야 한다. 이런 걸 할 줄 알아야 진정한 '가장'이라는 느낌이 든다. 내가 못 해서 다른 사람을 부르면 또 놀림을 받는다. 내 친구 중 한 명은 이런 걸 너무 잘해서, 다른 집 아내들이 탐을 낼 정도였다.

내가 손재주가 없는 건 유전 탓일지도 모르겠다. 사실 우리 아빠도 이런 걸 잘 못하셨다. 그래서 결국 엄마가 나서야 하는 일이 종종 있었고, 아빠는 구박을 좀 받으셨다.

사실 이런 손재주는 남자들의 허세이기도 하다. '이런 것까지 해냈다', '이런 것도 할 수 있다'는 걸 보여 주려는 심리다. 자식에게 자동차 엔진 룸을 보여 주면서 "봐라, 이렇게 하는 거야" 하고 가르쳐야 한다는 압박감도 있다.

여성 입장에서도 손재주는 중요하다. 집이나 차에 문제가 생겼을 때 남편이나 남자 친구가 해결하지 못하면 생활이 불편해진다. 그렇게 되면 결국 아빠에게 부탁하게 된다. 여자 친구의 아버지 입장에서는, 딸의 남자 친구나 남편이 이런 문제를 해결하지 못하면 실망할 수밖에 없다.

내가 사귀었던 여자 친구의 아버님은 배관공이셨다. 못 고치는 게 없는 맥가이버급 손재주를 갖고 계셨던 분이다. 그런데 나는 여자 친구가 산 중고차에 문제가 생겼을 때 아무것도 해결해 주지 못했고, 결국 아버님이 나서서 고쳐 주셨다. 그때부터 딱 느낌이 왔다. "너 이런 것도 해결 못하는 놈이야?" 하는 마음의 소리가 들리는 것 같았다. 딸이 데려온 남자 친구가 맥주도 못 마시고 손재주도 없으니 실망을 많이 하셨을 것이다. 그래서 나에게 한국 생활이 딱 맞는 것인지도 모르겠다.

지극히 사적인 영국

PART IV.

영국을 지탱하는 질서

01.

영국의 상징, 왕실

개인적으로 왕실은 영국만이 가진 가장 뚜렷한 상징이라고 생각한다. 다른 나라 사람과 국가의 상징에 대해 이야기할 때 우리는 왕실을 이야기하면 끝이다. 다른 설명이 필요없다. 미국인이 우리의 상징은 "민주주의야!"라고 하면, "우리는 마그나 카르타가 있는데?"라고 하면 되고, "그랜드 캐니언"을 이야기한다면 "그건 자연의 것이지 미국의 것은 아니지 않나?" 하고 받아칠 수 있다. 그러고는 "우리는 (여)왕이 있어. 알지?" 하면 싸움 종료다. 나한테 직접적인 도움이 되는 건 아니지만 살짝 자랑스러운 전통과 문화라고 할까?

사실 잉글랜드 사람이라면 잉글랜드의 상징을 떠올릴 때 잉글랜드 국기의 모티브인 성 조지의 십자가와 4월 23일성 조지의 날을 자연스럽게 떠올릴 것이다. 마찬가지로 스코틀랜드라면 성 앤드류의 십자가와 수호성인 성 앤드류의 날(11월 30일), 북아일랜드는 성 패트릭의 십자가와 성 패트릭의 날(3월 17일)을 기념한다. 이 상징들이 모여 영국 국기를 이룬다.

웨일스 국기의 상징인 레드 드래곤은 영국 국기에는 들어가지 않았다. 웨일스는 13세기에 이미 잉글랜드의 지배하로 들어갔고, 16세기에 정식으로 합병됐는데, 그때는 이미 독립적인 국가로 인정받지 못했기 때문에 영국 국기 유니언 잭에 웨일스의 상징이 들어가지 않은 것이다. 그렇지만 설령 독립 국가였다고 하더라도 지금의 유니언 잭에 빨간 용을 집어넣는 걸 용납하기는 어려울 것 같다. 웨일스의 수호성인은 성 데이비드이고 기념일은 3월 1일이다.

이렇게 컨트리마다 각각의 상징과 수호성인이 있지만 역시 영국의 상징이라고 하면 유니언 잭과 왕실이다. 잉글랜드의 성 조지 십자가의 모양이 어떠한지, 수호성인이 누구인지 아는 외국인들이 얼마나 되겠나. 그러나 영국 국기와 왕실은 설명이 필요 없다.

영국 왕실에 대한 이야기를 하면 신기하다거나 시대착오적인 관습이 아니냐는 말이 나온다. 물론 이런 논쟁은 영국

지극히 사적인 영국

잉글랜드 국기의 성 조지 십자가, 스코틀랜드 국기의 성 앤드류 십자가, 북아일랜드 국기의 성 패트릭 십자가가 모여 유니언 잭이 만들어졌다. ⓒGetty Images

에서도 있다. 왕실 유지에 대한 찬반 의견이 있다. 이런 논쟁이 왕실의 존립 여부를 흔들 정도로 이슈화되지는 않지만 대략 절반 정도는 왕실을 찬성하고 절반 정도는 반대한다. 여론은 컨트리마다 조금 다르다. 잉글랜드는 절반 이상이 찬성하고 스코틀랜드나 다른 지역은 찬성하는 의견이 절반 이하다.

영국 왕실을 보는 외국인들의 시선은 다양하다. 유럽에는 왕실이 남아 있는 나라들이 몇몇 있는데 그런 나라 사람들은 자연스럽게 받아들이는 것 같다. 어차피 상징적인 존재이니 크게 달라 보일 이유는 없을 것 같다. 그래도 영국 왕실의 역사와 전통은 어느 정도 인정한다.

영국 왕실은, 특히 미국처럼 왕정이 없는 나라에서 더 큰 관심을 끈다. 영국으로부터 독립해서 왕을 쫓아낸 미국인들이 오히려 영국인보다 영국 왕실에 관심이 더 많은 것 같다. 왕실에 스캔들이 나면 미국인들이 더 신나 한다. 미국인들은 버킹엄궁으로도 많이 찾아온다

한국인들도 영국 왕실을 신기해하는 것 같다. 불과 100여 년 전까지만 해도 왕이 다스리던 나라였는데 순식간에 세계 최고 수준의 민주주의 국가로 발전해서인지, 왕정에 대한 기억이 희미한 것 같다. 사실 유럽의 왕실, 그중에서도 영국

버킹엄궁. ⓒGetty Images

왕실은 동화책 속에 나오는 왕자와 공주 이야기의 현실판처럼 느껴질 수 있으니 신기해하는 것도 이해할 수 있다.

지금도 대관식을 보면 판타지나 동화를 보는 것 같다. 에드워드 1세가 만든 왕좌라든지, 운명의 돌 위에서 대관식을 한다든지, 성스러운 기름으로 도유식을 한다든지 하는 의식들이다. 왕정이 사라진 시대에 진짜 왕이 옛 전통을 살려 행사를 할 수 있다는 것이 영국이 가진 힘이다.

반면에 어떻게 민주주의 선진국인 영국이 지금도 왕실을 여전히 유지하는 것인지 의아해하는 사람도 있다. 아무 실권도 없는 왕이 왜 필요한가? 그냥 없애는 게 낫지 않나? 왕실 운영에 세금이 많이 들어간다는 지적도 있다. 일리가 있는 말이다. 실제로 젊은 세대일수록 왕실을 없애자는 의견이 높다.

그런데 영국인으로 살아 보니, 영국 왕실을 없애자는 게 생각보다 쉬운 일이 아니라는 걸 느끼게 된다. 나도 어렸을 때는 '왕실이 왜 필요해?', '없애는 게 낫지 않나?' 하는 생각을 했었다. 그런데 나이가 들면서 점점 보수적이 되어서인지 영국 왕실이 왜 필요한지 점점 알게 됐다. 물론 내 생각이 옳다는 건 아니다. 그저 왕실의 역할에 대해 조금 더 이해할 수 있게 되었다고 하는 편이 맞을 것이다. 그렇다고 해서 반드시 왕실이 필요하다는 근거로는 충분하지 않을 것이다. 나와 비슷한 정서를 공유하는 잉글랜드 사람의 의견이 이렇다는 정도로 이해해 주길 바란다.

02.

군림하되 통치하지 않는다는
말의 의미

영국의 입헌 군주제를 표현할 때 흔히 "왕은 군림할 뿐 통치하지 않는다(The King reigns but does not govern)"는 말을 쓴다. 왕은 그저 상징일 뿐 실질적인 권력이 없다는 말이다. 그런데 한국어로 군림(君臨)은 다스리다는 의미가 포함돼 있어서 원래의 의미와는 다른 말처럼 보인다. 그보다는 "왕은 재위(在位)할 뿐 통치하지 않는다"가 더 적절한 표현일 것 같다. 어쨌든 나 같은 외국인에게는 이러운 말이시만 정확히 번역한다면 이렇게 해야 할 것 같다.

왕이 없는 나라의 사람들은 이 문장의 의미를 체감하기 어려울 것 같다. 특히 한국인처럼 대통령제로 나라를 운영하는 민주 공화국에서는 재위와 통치의 차이를 체감하기 어려울 것이다. 영국인인 나도 이 차이를 설명하기 어렵다. 왕이 행사에만 참석하고 웃으며 악수나 하는 '허수아비' 같은 존재로 여겨지기도 한다. 사실 그런 시선이 완전히 틀린 건 아니다. 하지만 영국에서 살아 보면 왕실이 단순한 장식으로만 존재하지 않는다는 걸 느낄 수 있다.

왕은 특별한 존재다. 즉위하면 온갖 칭호가 따라 붙는다. 노르망디 공작을 비롯해 랭커스터 공작, 맨섬의 영주 같은 직위를 가진다. 그중에는 백조의 영주(Seigneur of the Swans)라는 기상천외한 직위도 있다. 잉글랜드 내의 표식이 없는 모든 백조는 왕의 소유라는 의미다. 21세기에 중세 시대에나 볼 법한 칭호들을 보면 이게 맞나 하는 생각이 들 정도다. 그런데 또 이런 걸 보고 있으면 신기하기도 하고, 신비롭기도 하고, 아직 전통이 남아 있구나 하는 생각이 들기도 한다.

영국인은 일상에서부터 왕의 존재를 느낀다. 가장 대표적인 것이 화폐다. 영국 화폐에는 왕의 얼굴이 새겨져 있다. 앞면에는 왕의 얼굴, 뒷면에는 역사적인 인물이나 상징이 들어간다. 영국인은 1952년 즉위해서 2022년 서거한 엘리자베스 2세 여왕의 얼굴이 찍혀 있는 돈을 70년 동안 사용해 왔다. 아마 20세기에 살았던 영국인들 중 상당수는 엘리자베스 2세 여왕의 얼굴 말고 다른 왕의 얼굴이 찍힌 돈

70년 동안 영국 지폐를 장식한 엘리자베스 2세 여왕. ⓒGetty Images

2024년 6월부터 영국 지폐에 등장한 찰스 3세 국왕. ⓒGetty Images

을 본 적이 없을 것이다. 찰스 3세의 얼굴이 찍혀 있는 화폐는 2024년 6월에야 나오기 시작했다. 돈이 바뀌는 것을 보면서 영국인들은 여왕이 돌아가셨다는 것을 더욱 실감하게 됐다.

왕은 법적으로도 특별하다. 영국의 왕은 법으로 처벌받지 않는다. 어려운 말로 하면 형사상, 민사상 소추 대상이 되지 않는다. 법 앞에 모두가 평등해야 하는데 유일하게 왕은 예외다. 설령 찰스 3세가 살인을 저질러도 법으로 처벌할 수 없다. 물론 이런 특권은 오로지 왕만이 가질 수 있다. 왕족은 법의 지배를 받는다.

한국인들은 이런 말을 들으면 매우 놀란다. 대통령을 두 번이나 탄핵시킨 나라에서 영국 왕의 특권은 이해하기 어려울 것이다. 사실 나 같은 평범한 영국인도 이해하기 힘들다. 아니 그보다는 영국 왕에게 이런 특권이 있다는 사실도 몰랐다. 왕이 가진 특권 따위를 신경 쓸 이유가 없기 때문이다. 하지만 그렇게까지 놀랍지는 않다. 그냥 그럴 수도 있겠구나 싶은 정도다.

선거를 치르고 총리가 바뀌면 항상 버킹엄궁이 나온다. 사임하는 총리는 왕을 알현해서 "이리저러한 이유로 사임합니다" 하고 사임을 허락해 달라고 요청하고, 왕은 이를 허락한다. 그러면 거의 같은 날 신임 총리가 왕을 알현하러 가서 "이러저러한 이유로 국민들이 저를 뽑았습니다" 하면 또 왕이 허락한다. 사임하는 총리든 신임 총리든 왕을 만나러 가는 길을 미디어가 실시간으로 보도한다. 어쨌든 행정부를 책임지려면 왕에게 허락을 받아야 한다는 것을 보여주는 것이다.

총리는 일주일에 한 번씩 왕을 알현해서 현황을 보고하는 업무도 한다. 왕은 행정부의 정책에 반대할 수는 없지만 상담, 권고, 경고 등을 할 수 있는 권리가 있다. 그러나 국왕이 실제로 이런 권리를 사용하는지는 알 수 없다. 총리와의 회동은 비공개이기 때문이다.

사회생활을 하면 왕실이 영국에 얼마나 깊이 뿌리내렸는지 체감하게 된다. 학교에 다니고 축구장이나 펍만 들락거릴 때는 왕실이 그리 가깝게 느껴지지 않는다. 하지만 조금만 시야를 넓히면, 곳곳에 '왕립(Royal)'이란 이름이 붙은 기관들이 셀 수 없이 많다는 걸 알게 된다 예를 들어, 왕립 오페라 하우스(Royal Opera House), 왕립 예술 아카데미(Royal Academy of Arts), 왕립 학회(Royal Society), 왕립 조폐국(Royal Mint), 왕립 해군(Royal Navy), 왕립 공군(Royal Air Force), 왕립 우체국(Royal Mail) 등이다. 이 기관들을 모두 왕실이 직접 운영하는 것은 아니

지극히 사적인 영국

A-400 아틀라스의 옆면에 새겨진 'ROYAL AIR FORCE'. ⓒGetty Images

'Royal Mail' 로고가 붙은 영국 우체국 차량. ⓒGetty Images

지만, 이름에 '왕립'이 붙은 것만으로도 일정한 권위와 전통을 부여받는다. 만약 왕실이 폐지된다면 이런 기관들은 정체성부터 법적 소유권까지 큰 혼란을 겪을 수 있다.

영국의 국왕은 실질적으로 무언가를 '하는' 사람은 아니다. 하지만 그 자리에 '존재함으로써' 사회를 안정시키고 정치적 갈등을 완화시킨다.

영국 정치는 혼란스럽다. 선거도 잦고 총리도 자주 바뀐다. 이렇게 정치적 혼란이 심각하면 한국인들은 참기 어려울 것이다. 그러나 영국인들은 한국인들만큼 정치에 관심을 두지 않는다. 민주주의 관점에서는 긍정적으로 볼 수 없는 현상이다. 그러나 나름의 장점도 있다. 영국인들은 정치적으로 혼란할 때는 총리가 아니라 왕을 본다. 총리는 매번 바뀌지만 국왕이 제자리에서 중심을 잡아 준다. 왕이 직접 통치를 하지는 않지만 국민들은 왕을 보며 알게 모르게 안심한다. 이 역할을 역사상 가장 잘 수행한 국왕이 바로 엘리자베스 2세다.

시대가 변하면서 왕과 왕실의 역할도 변해 왔다. 20세기 초까지만 해도 지금보다 왕의 권력이 훨씬 강했다. 영국의 왕이 그때의 감각으로 지금도 군림하려고 했다면 영국은 큰 혼란을 겪고 입헌 군주정은 사라졌을지도 모른다. 엘리자베스 2세 여왕은 시대에 맞게 왕실의 역할을 조정했고, 현대 영국에서 왕실이 어떻게 존재해야 하는지를 보여 주었다. 그녀는 전 세계의 존경을 받는 왕이었으며, "재위하되 통치하지 않는 군주"라는 표현의 모범을 몸소 보여 준 인물이었다.

03

정신적 지주였던 엘리자베스 2세

영국인들에게 왕실은 곧 엘리자베스 2세다. 대부분의 영국인들이 여왕 외에 다른 국왕을 경험해 보지 못했기 때문이다. 찰스 3세는 그의 어머니에 비해 아직 부족하다는 인식이 있다. 시간이 지나면 찰스 3세도 자연스럽게 국왕으로서 인정받을 수 있겠지만, 2022년에 왕위를 물려받을 당시 그의 나이는 이미 73세였다. 찰스 3세가 왕좌를 얼마나 오래 지킬 수 있을지는 알 수 없다.

영국인들 중에는 왕실을 지지하는 사람도 있고, 그렇지 않은 사람도 있다. 대체로 보수당 지지자이거나 연령대가 높을수록 긍정적이고, 노동당이나 자유당을 지지하거나 나이가 젊을수록 비판적인 시각이 강하다. 그러나 여왕이 서

거했을 때는 성향과 무관하게 대부분의 국민이 애도하는 분위기였다. 왕실에 대한 평가와는 별개로 여왕은 존중받아 마땅한 인물이라고 여기는 사람들이 많았다.

엘리자베스 2세 여왕은 오랜 왕정의 역사 속에서도 영국인에게 특별한 존재다. 사자심왕(Richard I, 1157~1199)이나 헨리 8세(Henry VIII, 1491~1547), 엘리자베스 1세(Elizabeth I, 1533~1603) 같은 인물들은 너무 옛날 사람이기도 하지만 그 시절의 영국이 딱히 살기 좋은 나라였을 것 같지는 않다. 엘리자베스 2세 여왕 시절 영국은 빅토리아 여왕(Victoria, 1819~1901) 시대만큼 세계를 지배하는 제국은 아니었지만, 여전히 세계 주요 국가 중 하나로서 위상을 지켜 왔다. 정치·경제적으로 부침이 있었고, 식민지를 잃기도 했지만, 국가의 품격은 여왕이 지켰다는 인식이 크다.

엘리자베스 2세 여왕이 서거했을 때를 돌이켜 보면 먼저 상실감이라는 감정이 떠오른다. 나는 왕실에 대해 그렇게 관심이 많은 편도 아니었고, 어렸을 때는 왕실을 없애는 게 낫지 않을까 하고 생각한 적도 있었는데, 나도 모르게 그런 감정이 들었다. 왠지 나라를 잃은 느낌이라고 할까. 불안감도 생겼다. 앞으로 영국은 이떻게 될까 하는 생각이 잠낀이지만 머리를 스쳤다.

엘리자베스 2세 여왕은 입헌 군주제의 국왕다운 품격을 보여 준 이였다.
ⓒCecil Beaton

나랑 아무 상관없는 96세 할머니가 돌아가신 일에 왜 감정 이입을 하는지 이해하기 어려울 수도 있다. 하지만 엘리자베스 2세는 단순한 상징 그 이상의 존재였다.

오늘날 영국인들은 태어날 때부터 왕실이 존재하는 나라에서 자랐고, 국왕은 언제나 엘리자베스 2세였다. 어릴 때부터 왕실을 지켜보며 저 위에 있는 왕은 우리와 다르다는 것도 자연스럽게 인식했다. 그들이 부유하고, 특권이 있는 다른 세계에 사는 사람들이라는 것도 안다. 가끔 왕실에서 스캔들이 터지면 눈살을 찌푸리며 "저놈의 왕실 없애 버리는 게 낫겠다"고 얘기하는 사람도 있다. 그렇지만 속으로는 '여왕이 퇴위한 다음에 한번 보자'고 생각했다. 여왕이 있는 동안 만큼은 왕실이 유지되는 게 당연하다고 여겼던 것이다.

엘리자베스 2세 여왕이 사랑과 존경을 받은 것은 단지 오래 재위했기 때문만은 아니다. 여왕은 언제나 국왕으로서의 품위를 지켰다. 제2차 세계 대전 중에는 공주 신분으로 여성 군사 조직인 '보조지상군(ATS)'에 자원해 차량 정비병으로 훈련을 받았고, 1993년부터는 자발적으로 소득세를 납부하기 시작했다. 왕위에 오른 뒤에는 구설수에 오르지 않았고, 늘 국왕으로서의 품격을 유지했다. 말 그대로 노블레스 오블리주(Noblesse Oblige)를 실천한 인물이었다.

공주 시절인 1945년 4월에 보조지상군이 되어 훈련을 받은 엘리자베스 2세 여왕.
ⒸImperial War Museum

여왕은 공적인 품위 유지를 최우선으로 삼았고, 가족과의 관계에서도 감정보다 격식을 중시했다. 찰스 왕자에게도 애정 표현을 하는 법이 없었다. 공식적인 자리에서는 포옹도 하지 않고 아들과 악수만 할 정도였다. 영연방 순방으로 영국을 자주 비웠지만, 자녀를 동반하지 않았다. 이런 이유로 찰스 왕자는 어린 시절 부모로부터 충분한 애정을 받지 못했다고 회고하기도 했다. 동시에 이 때문에 여왕이 냉정하고 인간미가 없다는 비판도 있었다.

엘리자베스 2세가 여왕의 업무를 수행할 때의 모습을 보면 "stiff upper lip(직역하면 '뻣뻣한 윗입술', 의역하면 '불굴의 정신')"의 전형이다. 어떤 상황에서도 감정을 과하게 드러내지 않고, 흔들림 없는 모습을 유지했다. 명목상 국가의 정점에 있으면서도, 보여 주는 자세와 품격은 영국인들이 이상으로 여기는 매너와 미덕을 체현하고 있었다. 그에게는 무엇보다도 왕으로서의 책무와 안정감이 중요했다.

자식에게도 애정 표현을 자제하고, 공무를 우선시하는 모습을 보며 사람들은 여왕을 차가운 인물이 아닌, 자신을 희생하는 군주로 여겼다. 사람이라면 자식을 귀여워하지 않을 수 없겠지만, 그런 감정을 절대 드러내지 않고 오직 국왕으로서의 품격만을 유지했다. 평범한 사람 입장에서는

여왕을 보면서 '나는 저렇게까지는 살고 싶지 않다'는 생각
이 들 정도였다. 그러면서도 사람들은 영국의 리더를 여왕
으로 인정하고 의지하게 됐다.

여왕은 정치적으로도 존재감이 컸다. 미국이나 한국처럼
양당제가 심화되면 사회 갈등도 커지기 쉽다. 영국도 보수
당과 노동당이 큰 파이를 갈라 먹는 양당제에 가깝지만 미
국이나 한국만큼 갈등의 정도가 크지 않다. 자신이 지지하
지 않는 정당이 정권을 잡아 총리를 선출해도 영국인들은
"저 사람은 우리 대표가 아니야. 우리 대표는 여왕이지" 하
면서 한 발 물러나서 볼 수 있게 된다. 그 덕에 정치 혐오도
완화되는 측면이 있다. 군주제 국가가 가질 수 있는 의외의
장점이다.

엘리자베스 2세는 무려 70년 동안 영국의 상징으로 군림
해 왔다. 한 사람이 이토록 오랫동안 한 나라의 정신적 지
주가 되어 존경받으며 자리한 경우는 흔치 않다. 만약 여왕
같은 인물이 계속해서 국왕 자리를 이어 간다면, 군주제를
폐지해야 할 이유는 없을 것이다. 하지만 이제 여왕은 세상
을 떠났고, 영국 왕실은 다시금 시대의 평가를 받아야 할
시점에 서 있다.

04.

영국 왕실은 계속될까?

주한 영국 대사관에서는 매년 영국 국왕의 생일 파티가 열린다. 아마 대사관 행사 중 가장 규모가 큰 행사일 것이다. 이 파티는 국왕의 실제 생일과는 상관없이 5월 말에서 6월 중순 사이의 토요일에 주로 열린다. 이는 조지 2세 시대부터 이어진 전통으로, 날씨가 좋은 시기에 공개 행사를 열기 위해 정해진 날이다. 한국에서는 장마철이나 다른 사정으로 인해 조금 앞당겨지기도 하지만, 원칙은 같다. 대사관에서 이 행사를 여전히 중요하게 여기는 이유는, 국왕이 영국의 상징이자 대표 얼굴이라는 인식이 있기 때문이다.

그런데 영국은 앞으로도 계속 입헌 군주제를 유지할 수 있을까? 세계적으로 민주주의가 확산되고 있는 가운데, 영

2025년 주한 영국 대사관 주최로 열린 국왕 탄신일 행사. ⓒPeter Bint

국은 여전히 전통저인 군주제를 유지하고 있다. 외국인의 시선에서는 다소 모순적이고 시대착오적으로 보일 수도 있다.

대부분의 평범한 영국인이라면 이에 대해 특별한 정치적 입장을 갖고 있지는 않을 것이다. 굳이 폐지할 필요가 없다는 의견이 우세하다. 물론 왕실이 스캔들을 일으키지 않고,

지극히 사적인 영국

왕족으로서 품위를 지킨다는 전제하에서다.

왕실은 지속적인 위기에 처해 있다고 볼 수도 있다. 국민들이 기대하는 것은 '엘리자베스 2세처럼 국가를 위해 희생하고 책임을 다하는' 왕실의 모습이다. 이 기대에 부응한다면 왕실에 일정한 세금이 들어가더라도 많은 이들은 이를 수용할 수 있다. 그러나 특권을 가진 이들이 그 지위를 남용한다면 왕실의 미래는 불투명하다.

왕실은 관광 자원이기도 하다. 외국인들은 버킹엄궁이나 윈저성 등 왕실과 관련된 공간을 방문한다. 단지 궁전을 보기 위해서라기보다, '진짜 왕이 존재하는 나라'를 체험하고 싶은 마음이 있는 것이다. 이는 영국이 전통과 품위를 유지하는 나라라는 이미지를 만들어 낸다. 외국인뿐만 아니라 영국인에게도 이러한 상징은 자부심이 된다. 다른 나라에는 없는 전통, 그리고 모두가 알고 있는 국가적 이미지가 있다는 점은 꽤 중요하게 작용한다. 나 역시 한국에 살면서 영국 왕실의 이미지를 통해 어느 정도 긍정적인 인상을 받았다고 느낀다. 영국인들이 젠틀하고 품위 있다는 인식의 정점에 왕실이 있고, 진짜 왕자와 공주가 존재한다는 설정 자체가 하나의 '문화적 판타지'로 작동하는 측면도 있다. 현실적 이득이 크지 않더라도 손해 볼 일도 많지 않다.

그러나 왕실이 스캔들의 중심에 서는 경우에는 이야기가 달라진다. 대표적인 사례가 다이애나 왕세자비 사건이다. 귀족 출신이긴 하지만 대중에게는 '평민적인' 이미지로 알려졌던 다이애나는 1981년, 당시 왕세자였던 찰스 3세와 결혼했다. 두 사람의 결혼은 '세기의 결혼'이라 불릴 정도로 큰 화제를 모았고, 두 사람 모두 슈퍼스타 같은 인기를 누

1981년 세기의 결혼식으로 화제를 모았던 찰스와 다이애나. ⓒGetty Images

지극히 사적인 영국

렸다. 굿즈도 제작될 정도였다. 우리 집에도 찰스와 다이애
나의 얼굴이 그려진 찻주전자가 있었다.

하지만 이후 찰스가 현재 왕비인 카밀라와 불륜 관계였
다는 사실이 알려지며 분위기는 급격히 변했다. 다이애나
역시 1995년 BBC 인터뷰에서 본인도 외도를 했다고 고백
했지만, 대중의 공감은 다이애나에게 집중됐다. 나는 당시
열두 살쯤이었는데, 다이애나가 너무 안쓰럽게 느껴졌다.
왕실의 규범이나 암묵적인 기대에 익숙하지 않았던 다이애
나는 정신적 고립 속에서 우울증과 거식증에 시달렸고, 이
를 돌봐주는 사람도 없었다고 느꼈다. 누가 봐도 왕실과 왕
자가 악당인 스토리였다.

내가 보기에 왕실은 너무 고리타분하고 자유를 억압하는
비인간적인 곳이었다. 이런 왕실이 무슨 필요가 있냐는 생
각이 들었다. 당시 젊은이들은 나와 비슷한 생각을 가진 사
람이 많았다. 찰스의 외도는 스스로를 '공공의 적'으로 만들
었고, 왕실 전체에 대한 비판으로 이어졌다. 게다가 다이애
나가 1997년 불행한 사고로 목숨을 잃었는데도 왕실은 조
심스러운 반응이었다. 대중이 보기에는 무관심으로 받아들
이기에 충분했다. 그때는 이미 찰스 왕자와 이혼한 뒤였지
만 인간적으로 너무하다는 생각이 들 정도였다.

1997년 9월 5일 다이애나의 장례식. ⓒWikipedia

그런데 당시에도 보수적인 사람들의 생각은 달랐다. 그들은 오히려 다이애나 왕세자비를 비판했다. 우리 아빠도 그랬는데, 다이애나를 비판하는 사람들의 주장은 한마디로 "왕실이 어떤 곳인지 모르고 들어갔어?"였다. 그때 나는 아빠의 말을 이해하지 못했다. 아무리 왕실이라도 사람이 병에 걸리고 정신적인 충격을 받았는데 방치한다는 건 말이 안 된다고 생각했다.

나이를 먹고 보니 지금은 아빠의 말을 조금은 이해할 수 있게 됐다. 내가 보수적으로 변했거나 영국을 떠나 한국에서 생활을 오래해서 그런 것인지도 모르겠다. 외국에 가면 모두 애국자가 된다고들 하는데, 나도 한국에서 영국을 바라보니 영국 왕실이 스캔들의 주인공이 되는 게 달갑지 않게 느껴진다.

다이애나를 비판했던 사람들의 주장은 이런 것이다. 왕실은 개인의 행복을 추구하는 공간이 아니다. 겉보기에는 화려하지만, 그 안에서는 끊임없는 절제와 희생이 요구된다. 왕실에 들어가려면 그 규율과 책임을 받아들여야 한다. 그저 왕자님과 결혼하는 판타지로 접근해서는 곤란하다. 결국 왕실은 영국이라는 국가의 정체성과 연결된 공간이다. 특권이 있는 만큼, 그에 상응하는 희생도 요구된다. 그 희생을 감수할 수 없다면 왕실의 일원이 되는 것은 어려운 일이다.

어릴 때는 왕실의 존재 이유도, 책임이라는 개념도 잘 몰랐지만, 어른이 되고 나니 그들이 지키는 전통의 무게를 조금은 이해하게 됐다. 왕실은 시대착오적인 제도일 수 있다. 그러나 영국인에게는 전통과 자부심이라는 무형의 자산이기도 하다. 왕실이 공식적인 행사에서 우아하고 품위 있는 모습을 보여 주면 국민들은 이를 보면서 영국인이라는 사실을 자랑스럽게 여긴다. 이런 사람이 너희들의 지도자이고, 너도 여기에 포함돼 있다는 문화적 상징인 것이다.

왕을 보면서 국민들도 그에 따라 품격과 우아함이라는 기준으로 매너를 가지게 된다. 영국인의 정체성은 민족이라는 커다란 개념부터 시작하는 한국과 달리, 눈에 보이는 왕과 왕실이라는 기준에서부터 시작된다. 계층별로 지켜야 할 매너의 수준은 달라도 이런 의식을 공유하는 게 영국인이다. 영국의 이민자 문제는 바로 이런 의식을 공유하고 지키느냐에서 나온다.

영국인이 영국인이기 위해서는 왕실이 필요하다. 그래서 특권을 인정하고 왕실을 지원하는 데 동의한다. 왕실 역시 국민들의 요구에 걸맞은 품위를 지켜야 한다. 그것이 설령 쇼처럼 느껴지더라도, 모두가 그 전통을 지키기 위해 각자

의 역할을 감당하는 것이다. "Keep Calm and Carry On"은
왕실에도 예외가 아니다.

영국 왕실 구성원들이 사적인 욕망을 좇아 계속해서 물
의를 일으킨다면 영국 왕실의 미래는 장담할 수 없을 것이
다. 미국인들에게 "너네 왕실 스캔들 재밌던데?"라는 말을
듣게 된다면 참기 어려울 것 같다.

05

안정성과 혼란함 사이,
영국의 정치 제도

영국인으로서 한국인에게 영국의 정치 제도를 설명하기는 무척 어렵다. 다른 영국인과 마찬가지로 나 역시 정치에 큰 관심이 없는데다 양국의 제도도 많이 다르기 때문이다. 그래도 영국이라는 나라가 어떻게 돌아가는지 알려면 정치 제도에 대한 기본적인 설명은 필요한 것 같다.

영국 정치의 중심은 의회다. 의회는 상원(House of Lords)과 하원(House of Commons)으로 나뉘어져 있다. 상원은 약 700명, 하원은 약 650명이다. 하원은 한국처럼 선거로 선출하고 임기는 5년이다. 선출 방식만 보면 한국과 크게 다르지는 않다. 그러나 상원은 한국에 없는 제도라서 낯설게 느껴질 것이다.

영국 의회 건물인 웨스터민스터궁. ⓒGetty Images

상원은 원래 왕이 임명하는 귀족이나 성직자였다. 입법 권한은 없지만 법안을 검토하고 수정을 제안할 수 있다. 때로는 법안 통과를 1년까지 지연시킬 수 있지만 법안을 거부할 수는 없다. 한국 국회의 법제사법위원회(법사위)와 비슷한 역할을 수행한다. 차이점이라면 법사위는 법안 상정을 보류하면서 실질적으로 법안을 거부할 수 있다는 점이다.

상원은 1999년 상원법(House of Lords Act 1999)으로 큰 변화를 겪었다. 세습 귀족은 92명만 남고, 대부분은 종신 귀족(Life Peers)으로 임명되는 방식으로 바뀌었다. 상원임명위원회(House of Lords Appointments Commission)가 총리에게 종신 귀족을 추천하면 국왕의 재가를 받아 남작(Baron/Baroness) 작위를 수여한다. 남작이 되면 자동으로 상원 의원이 된다. 단, 작위와 의원직은 세습되지 않는다.

남작은 보통 각계에서 뛰어난 업적을 이룬 전문가들이거나 정당의 추천을 받은 이들이다. 이들이 상원 의원이 되어 법안을 심사하므로 일정 수준의 전문성을 보장할 수 있다. 상원의 당파성은 다소 약하다. 정당 소속 의원들도 있지만 선출직이 아니기 때문에 반드시 소속 정당에 얽매일 필요가 없다. 정당에 소속되어 있지 않은 의원들도 많고, 성직자도 있다. 캔터베리 대주교 같이 잉글랜드 교회의 주요 인사들이 포함되어 있다.

영국 의회는 원래 입법, 행정, 사법을 모두 관할하는 구조였다. 과거형으로 표현한 이유는 비교적 최근에 큰 변화가 있었기 때문이다. 의원 내각제인 영국 의회는 하원 선거를 통해 다수당에서 총리를 선출하고, 다수당을 중심으로 내각(Cabinet)을 구성한다. 선거 결과 과반을 넘지 못하면 다른 정당과 연합이 필수다. 이렇게 입법과 행정을 의회가 책임진다.

상원에는 대법원 역할을 하는 상고 위원회(Appellate Committee)가 있었다. 상원의 사법 귀족(law lord)이 대법관 역할을 맡았던 것이다. 그러다가 2009년부터 대법원(Supreme Court)이 만들어지면서 형식적으로 사법부가 분리됐다. 그전에는 사실상 3권을 모두 의회가 아우르고 있었던 것이다.

총리는 의회 해산권도 가지고 있다. 엄밀히 말하자면 해산권을 가지고 있는 것은 국왕이긴 하지만 국왕이 임의로 의회를 해산하는 시대는 지나갔다. 지금은 총리가 국왕에게 의회 해산을 건의하면 자동으로 승인해야 한다. 총리는 지지율에 자신이 있을 때 의회를 해산하고 총선을 다시 치르는 경우가 많다. 성공하면 더 많은 의석을 얻어 국정을 보다 안정적으로 이끌 수 있지만 실패하면 총리직을 내놓

2009년에 만들어진 영국 대법원. ⓒGetty Images

아야 한다. 반대로 내각의 지지율이 낮을 때 재신임을 묻는 의도로 의회를 해산하기도 한다. 일종의 정치적인 도박을 용인하는 제도다.

이렇게 되면 의원들의 임기가 보장되지 않기 때문에 2011년에 고정임기의회법(Fixed-term Parliaments Act)을 제정해서 5년간의 임기를 보장하기도 했지만 2022년에 다시 원래대로 돌아왔다. 이렇다 보니 한국 같은 대통령제 국가에 비해 의원 선거를 자주 치르게 될 가능성이 높다. 이런 제도는 유권자에게 피로감을 주고 정치 혐오를 불러오기도 한다.

영국은 의회가 권력의 중심이다 보니 정당의 힘과 권한도 크다. 총리가 문제를 일으키면 소속 정당에서 총리를 끌어내린다. 대표적인 예가 2022년 9월부터 임기를 시작해 50일 만에 내려온 역대 최단기 총리 리즈 트러스(Liz Truss)다. 보수당 소속으로 전임 보리스 존슨의 낮은 지지율을 이어받은 트러스 총리는 인플레이션 상황에서 감세 정책과 양적 완화를 발표하여 영국의 경제 위기를 심화시켰다. 그 결과 보수당이 트러스를 사임시키고 새로운 대표를 선출한 것이다.

한국에서는 대통령을 뽑으면 탄핵과 헌법재판소를 거치지 않는 한 대통령을 사퇴시키는 것은 거의 불가능하다. 하

취임 50일 만에 사임을 발표하는 리즈 트러스 총리. ⓒ영국 총리실

지만 영국에서는 총리가 정당의 신임을 잃으면 바로 낙마할 수 있다. 그 덕에 영국의 총리는 쉽게 바뀐다는 인식이 있다. 2016년 브렉시트 이후 2025년 8월까지, 테레사 메이(2016~2019)에서 보리스 존슨(2019~2022), 리즈 트러스(2022), 리시 수낵(2022~2024), 키어 스타머(2024~)까지 10년간 5명의 총리가 나왔다. 한국인들에게 10년간 대통령이 다섯 번 바뀌면 어떨 것 같냐고 하면 말도 안 된다고 할 거다. 그런데 사실 한국도 2016년부터 따지면 10년간 대통령이 세 번 바

꿰기는 했다.

영국에서는 탄핵(impeachment)이라는 단어가 낯설다. 일단 대통령제가 아니라서 탄핵 제도 자체가 없다. 총리 교체는 정당 내부에서 총리에 대한 불신임만으로도 가능하다. 미국에서 클린턴이나 트럼프의 스캔들이 보도됐을 때 영국인들은 대통령이 왜 자리에서 버티고 있는지 이해하지 못했다. 그런 스캔들이 보도되기 전에 내려오는 게 당연하다고 생각해서 언론에 나오는 것 자체가 신기했다. 영국이라면 소속 정당을 가리지 않고 비판받을 일이다. 만약 내려오지 않으면 표결로 간다. 내각이 지지율에 자신이 있다면 정부에서 신임 투표(Vote of Confidence)를 한다. 하원에서 신임이 과반을 넘으면 계속 집권할 수 있다.

야당이나 여당 내의 반대파도 신임 투표를 부칠 수 있는데, 이것은 불신임 투표(Vote of No Confidence)다. 마찬가지로 하원에서 표결한다. 그러나 정부의 실정이나 스캔들이 벌어졌다면 신임 투표를 하기 전에 알아서 행동해야 한다. 책임 있는 자리에 있다면 그에 걸맞은 품격을 지켜야 한다고 보는 것이다. 보수적으로 느껴질지 모르지만 이런 게 영국인들이 정치를 보는 시각이다.

영국의 총리는 의원들이 선출한다는 점에서 이런 태도의

차이가 생기는 것일 수도 있다. 한국의 대통령 선거를 보면서 직접 선출한 대통령에 대한 기대가 얼마나 큰지 조금은 알 수 있었다. 영국인들이 총리를 뽑을 때 언제나 무관심한 것은 아니다. 그런 일이 별로 없기는 하지만 때로는 변화에 대한 열망으로 선거를 적극적으로 치르기도 한다.

보리스 존슨이 총리였던 시절, 나는 노동당의 제러미 코빈(Jeremy Corbyn)이 총리가 되기를 바랐다. 그러려면 코빈이 노동당의 당수가 되어야 했다. 원래 노동당이나 보수당 당

내가 지지했던 정치가 제러미 코빈. ⓒWikipedia

지극히 사적인 영국

수를 뽑는 투표는 일반인들이 관심을 가지지 않는다. 그런데 그때는 몇십 만이나 되는 사람들이 노동당에 가입해서 코빈에게 투표했다. 나도 그중 하나였다.

코빈은 상당히 급진적인 사회주의 정책을 내세웠다. 기본 소득(Universal Basic Income, UBI)을 비롯해 복지를 강화하고 국가가 국민에게 더욱 책임을 지도록 하자는 내용이 골자였다. 코빈은 노동당 당수가 되는 데는 성공했지만 총선에서는 보수당에게 패배했다.

그 당시 언론과 미디어는 코빈을 깎아내렸다. 그의 정책이 너무 위험하다고 본 것이었다. 코빈의 정책이 기존에 영국이 가지고 있던 사회에 대한 프레임에서 너무 벗어나 있다는 것을 강조했다. 변화를 싫어하는 성향의 영국인들에게 코빈은 위험한 사람처럼 느껴졌다. 사회가 갑자기 뒤집히고 무너지는 것을 일단 피하고 보는 게 영국인들의 습성이다. 예측할 수 있는 사람을 편하게 여기기 때문에 급격한 변화를 기대하기는 어렵다. 그 대신 안정적으로 나라를 이끌기를 바란다. 한국 같은 역동적인 변화는 앞으로도 없을 가능성이 높다. 영국은 앞으로도 영국답게 남게 될 것 같다.

06.

법은 멀고 관습은 가깝다

영국이 한국과 근본적으로 다른 점이라고 한다면 법 체계라고 할 수 있을 것 같다. 영국에서 살아온 사람으로서는 영국식이 더 편하다고 느껴진다. 반면 한국인들은 한국의 법 체계가 더 합리적이라고 생각할 것 같다. 사실 이 문제는 단순한 법률 문제가 아니다. 법에 대한 사회적인 인식이 다르기 때문이다. 만약 서로의 장점을 인정한다고 해도 법률을 바꾸는 것만으로는 장점을 흡수하기 어렵다.

한국에서 생활하면서 문화적인 차이를 많이 느끼지만, 지금도 적응하기 어려운 것은 운전 중 사고가 났을 때의 대처다. 한국에서는 일단 사고가 나면 그 자리에서 차를 멈추고 보험사를 부른다. 차가 막히든 말든 상관없다. 재산권을

지극히 사적인 영국

지키기 위한 조치로 이해하려고 해도 영국과는 마인드가 너무 달라서 답답하다.

영국에서는 접촉 사고가 나면 일단 차를 빼고 그 자리에서 합의한다. 내 잘못이 명백하면 상대방 차까지 내 보험으로 처리하겠다고 한다. 한국식으로 표현하면 100프로다. 그게 아니면 보통 5 대 5로 합의한다. 내 차는 내가 고치고 상대방 차는 상대방이 고친다. 그러고는 끝이다. 서로 갈 길을 가면 된다. 사고가 났다고 경찰을 부르는 일은 거의 없다. 이런 일로 경찰을 부르는 건 치사하다고 생각한다. 보험사 직원이 현장에 오는 일도 없다. 그런 시스템 자체가 없기 때문이다.

한국에서는 교통사고가 나면 무조건 병원에 누워야 한다는 말도 들었다. 이런 것도 이해 불가의 영역이다. 영국에서는 웬만한 교통사고로는 병원에 가는 경우도 거의 없다. 병원에 가서 검사를 했는데 입원이 필요하다는 진단이 나오면 당연히 입원할 수는 있지만, 병원이 무료이기 때문에 어지간해서는 입원을 시켜 주지 않는다. 입원해서 돈을 번다는 개념도 없다. 보험사가 입원비를 지급해 줄 일이 없기 때문이다.

영국인 입장에서는 한국 사람들이 사소한 일로 경찰을

부르고 소송을 건다고 생각하게 된다. 미국이 그런 나라라고 생각했는데, 한국도 미국의 영향을 많이 받은 것 같다. 영국에서는 일종의 상식이 사회 규범으로 작동한다. 상식선에서 "네가 잘못했으면 책임을 지라"는 의미다. 이것도 일종의 매너다. 예를 들어, 축구 감독은 성적이 안 나오면 알아서 그만둬야 한다는 것도 상식이자 매너다. 외국인 감독들 중에 성적이 안 나오는데도 자리를 지키는 감독이 욕을 먹는 이유다. 감독들은 계약서대로 한다는데 뭐가 문제냐고 항변할 수 있지만, 영국인들은 계약서를 뜯어 보면서 지킬 자리라면 애초에 그 자리에 앉으면 안 된다고 본다.

한국에서는 변호사가 돈을 잘 버는 상류층에 속하는 직업으로 여겨진다. 이런 인식도 미국의 영향을 받아서 그런 것 같다. 영국에서 변호사는 중산층 정도의 직업으로 여겨진다. 일단 일반적인 사람들은 변호사와 접촉할 일이 거의 없다. 평범한 사람들이라면 아마 집을 살 때나 한 번 볼까 싶다. 영국인들은 한국인처럼 집을 사주 사고 팔지 않는다. 보통 평생 한 번 정도 집을 사는데, 법적 절차가 복잡해서 변호사가 필요하다. 부동산 사장님만 통하면 거래를 할 수 있는 한국과는 달라서 변호사가 필수다.

물론 상류층에 속하는 변호사도 있다. 이건 영국의 법 제

지극히 사적인 영국

도를 조금 설명해야 한다. 솔직히 영국의 법 제도는 너무 어렵다. 영국의 다른 사회 제도처럼 모호하고 관습에 따르는 측면이 많기 때문이다. 대부분의 영국 사람도 모르는 상태로 잘 살고 있으니, 여러분들도 잘 알 필요는 없다. 하지만 한국과 비교하면 영국이 얼마나 다른 나라인지 알 수 있을 것이다.

한국의 법 제도는 형태로 보면 간단하다. 헌법이 있고, 헌법을 토대로 국회에서 법률을 만들어 행정부에서 집행한다. 법원은 지방 법원, 고등 법원, 대법원이 있고 여기서 1심, 항소심, 상고심을 맡는다. 반면 영국은 일단 헌법(constitution)이 없다. 이 말은 한국처럼 법전에 씌여 있는 형태의 성문 헌법이 없다는 말이다. 사실 나는 헌법이라는 말도 미국 영화를 통해서나 들어봤다.

영국에서는 헌법이 일부 법률과 관습법(Common Law), 그 밖의 정치적 관습 같은 것들이 합쳐져 있다. 법률은 유명한 〈마그나 카르타〉, 〈권리장전〉 같은 것들이다. 왕의 권한을 어떻게 제한할 것인가, 세금을 걷으려면 어떻게 해야 하는가와 같은 내용들이 적혀 있다. 관습법은 법원의 판례로 인정되는 것들이다. 판례 중에서 한국의 헌법으로 따지자면 '법원의 독립' 같이 헌법의 근간을 이룰만한 것들이 헌법

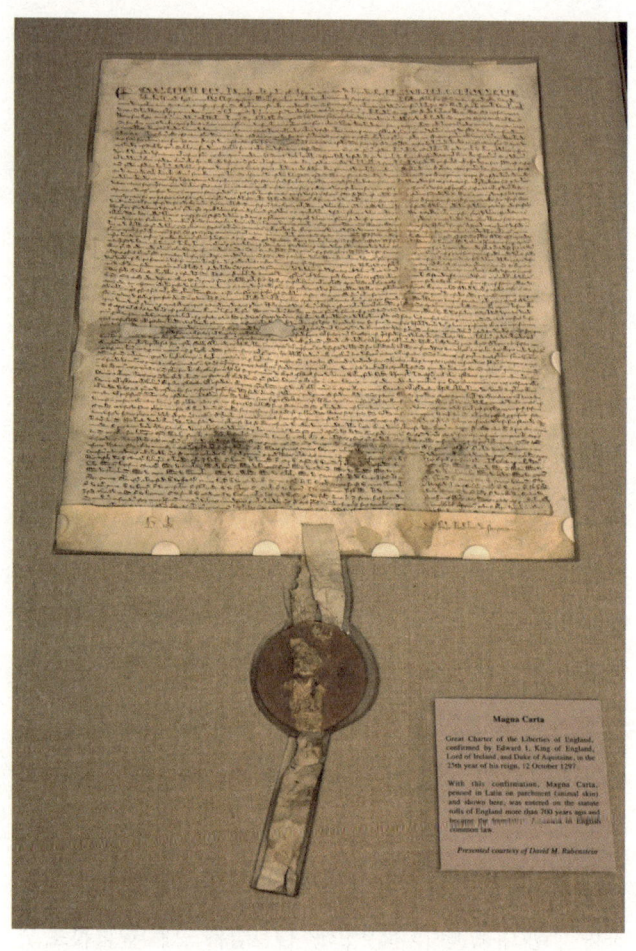

1215년 영국의 귀족들이 영국의 존 왕에게 왕권의 제한과 제후의 권리를 확인한 마그나 카르타. 영국 헌법의 근간이 되는 최초의 문서다. ©Getty Images

조항으로 인정받는다. 정치적 관습은 '국왕은 총리의 요청에 따라 내각을 임명한다'와 같이 국왕, 행정부, 입법부, 사법부 사이에서 권력을 어떤 방식으로 행사할지에 대한 암묵적인 관행이다. 이런 것들이 합쳐져서 헌법으로 취급받는다.

그다음은 법원인데 설명하기 복잡하다. 1심 법원만 해도 3개로 나뉘어 있다. 경범죄를 저질렀다면 치안판사 법원(Magistrates' Court)에서 심판받는다. 소규모 민사는 지방 법원(County Court)으로 간다. 중범죄 이상의 형사 사건은 형사 법원(Crown Court)이 담당한다. 경범죄, 중범죄, 민사에 따라 법원이 갈린다.

2심 법원은 더 복잡하다. 일단 항소 법원(Court of Appeal)과 고등 법원(High Court of Justice)으로 나뉜다. 항소 법원은 민사(Civil Division)와 형사(Criminal Division)로 구분된다. 고등 법원도 어떤 사건을 다루냐에 따라 3개의 카테고리로 나뉜다. 보통은 1심에서 다루기에는 규모가 크고 복잡한 민사 사건과 일부 항소심을 맡는다.

가장 꼭대기에는 영국 대법원(Supreme Court of the United Kingdom)이 있다. 최종심을 판결하고 헌법재판소 기능도 한다.

정리한 내용만 봐도 엄청나게 복잡하다. 내가 민사나 형사로 법정에 갈 일이 생긴다면 나도 헷갈릴 것 같다. 제도나 재판 형식을 보면 예전부터 이어 내려온 관습을 지금까지 유지하고 있다는 것을 알 수 있다.

영국의 변호사는 두 가지로 구분된다. 솔리시터(Solicitor)와 배리스터(Barrister)다. 영국에서 평범한 사람들이 만나는 변호사는 솔리시터다. 이들은 의뢰인에게 일상적인 법률 서비스를 제공한다. 계약이나 부동산, 유언장 같은 것들이다. 솔리시터는 보통 서류 업무를 위주로 하고 변론도 1심 법정까지만 담당한다. 보통 소액 사건 위주로 맡기 때문에 고소득 직종으로 보기는 어렵다. 물론 잘 버는 사람은 꽤 벌겠지만 한국에서처럼 한번에 큰돈을 받을 수 있는 직종은 아니다.

배리스터에 대한 인식은 한국의 변호사들에 대한 인식과 비슷할 수 있다. 명예로 따지면 배리스터가 좀 더 높을 수도 있다. 배리스터는 2심 이상, 즉 항소 법원이나 고등 법원에서 변론을 담당한다. 격식 있는 법원에 나가기 때문에 법복으로 로브를 입고, 머리에는 위그(wig)로 불리는 하얀 가발을 쓰고 출석한다. 여러분들도 유럽 중세를 다룬 영화나 드라마에서 한 번쯤은 봤을 법한 모습일 것이다.

배리스터는 규모가 큰 사건들이나 형사 사건을 다루기

지극히 사적인 영국

위그를 쓰고 로브를 입은 배리스터. ⓒGetty Images

때문에 수입도 좋고 상류층이라는 이미지를 가지고 있다. 과거에 배리스터는 대부분 명문 대학교를 졸업한 귀족 출신이었고 소득도 높았기 때문이다. 지금 내가 배리스터가 된다고 해도 상류층은 아니지만 주변에서는 상류층 같은 시선으로 볼 수도 있다. 일반인 입장에서 이런 사람들과 마주치려면 중대한 범죄 정도는 저질러 줘야 한다. 아, 그 전에 돈이 엄청나게 많아야 한다. 즉, 평생 볼 일이 거의 없는 사람이라는 말이다. 우리에게 더 가까운 변호사는 솔리시터인데, 열심히 일하면서 어느 정도 버는 자영업자다.

영국인으로서는 제도는 복잡하지만 법정에 갈 일이 없거나 소송할 일이 더 적은 영국이 마음이 더 편하다. 한국은 고도 성장을 하면서 공동체가 사라지고 급격한 변화에 적응해야 했기 때문인지 자신의 이익을 반드시 지켜야 한다는 강박이 생긴 것 같다. 모두가 그렇게 하고 있으니 혼자서 벗어나면 손해를 본다는 인식도 있다. 조금 기다리고, 조금 손해보면 다 같이 스트레스를 덜 받고 살 수 있는데 그렇게 하지 못하는 것이다.

한국인 입장에서는 영국인들이 답답해 보이는 것 같다. 영국인들은 기다리고 참는 게 기본이다. 집이 더우면 더운 거고, 추우면 추운 거다. 조금 불편한 게 있어도 주변 환

지극히 사적인 영국

경을 바꾸거나 고치려고 하지 않는다. 이런 태도는 한국인이 보기엔 너무 태평하게 보이나 보다. 어렸을 때 엄마한테 "진정하세요(Calm down)"라는 말을 많이 했다. 그러면 엄마는 "내가 왜?"라고 하시면서 더 화를 내셨다. 지금은 아내가 그러고 있다. 아내는 빈틈을 보이지 않으려고 신경을 많이 쓴다. 친구가 온다고 하면 "청소해야 돼", "음식 준비를 뭘 하지?" 하면서 애를 쓴다. 그런데 나는 "좀 지저분하면 어때? 줄 게 없으면 없는 거지, 뭘" 이런 마인드다. 아내는 나를 보고 황당해한다. 그러고는 자기만 걱정하고 스트레스를 받는다고 억울해한다.

예전에 전셋집에 들어갈 때도 전세금 문제 때문에 아내는 엄청 걱정했는데 나는 '안 되면 다른 데 가지, 뭐' 하는 마인드였다. 엄마도 아빠한테 비슷한 걸로 스트레스를 받으셨는데, 이게 영국인의 만트라(Mantra)인 것 같다. 한국 사람들도 조금만 내려놓으면 편해질 텐데 싶으면서도, 그렇지 않았으니 이렇게까지 발전한 게 아닌가 하는 생각이 든다. 하지만 이렇게 다르니 그만큼 서로가 매력적인 게 아닐까?

PART V.

논란의 여지가 있지만 유명한 것들

01.

영국은 생각보다 날씨가 좋다

영국에는 자랑하고 싶진 않지만 유명한 것들이 있다. 날씨가 그중 하나다. 우리도 날씨가 좋지 않다는 걸 잘 안다. 외국인들과 이야기를 나누다 보면 꼭 나오는 주제다.

하지만 한국과 비교해 보면, 영국 날씨에도 나름의 장점이 있다고 말하고 싶다. 한국 사람들은 사계절이 뚜렷하다는 데 자부심이 있지만, 사실 열대나 극지방이 아닌 이상 온대 기후에 속한 나라라면 사계절이 있는 건 당연한 일 아닐까? 영국에도 봄(Spring), 여름(Summer), 가을(Autumn), 겨울(Winter)이 모두 있다. 참고로 영국에서 가을은 'Fall'이 아니라 'Autumn'이다.

한국 날씨는 극단적이다. 봄과 가을은 길어야 6주 정도에 불과하다. 겨울은 너무 춥고, 여름은 덥고 매우 습하다. 게다가 장마철까지 있다. 1년 중 날씨가 괜찮은 시기는 길어야 석 달 정도이고, 나머지 9개월은 외출하기 부담스러운 날씨다. 이런 날씨에는 대중교통을 이용하는 것도 고역이다. 그래서 한국에 자가용이 많은 걸지도 모르겠다. 그런 점에서 보면 영국은 사계절이 비교적 균형 있게 나타난다.

영국인 입장에선 한국보다는 영국의 날씨가 더 좋은 것 같다. 런던 기준으로 가장 추운 1월에도 일평균 기온은 섭씨 5.3도이고, 가장 더운 달인 7월 일평균 기온은 18.5도다. 연평균 기온은 11.3도다. 반면 서울은 1월이 −2도, 8월이 26.1도, 연평균 기온은 12.8도다. 연평균 기온은 1.5도 차이인데 서울은 연간 편차가 커서 여름과 겨울이 혹독하다. 반면 런던은 기온 편차가 13도 정도다. 기온 변화가 덜하다. 서울에 비해 겨울에는 훨씬 따뜻하고 여름에는 훨씬 시원하다. 최근에는 기후 변화의 영향으로 2022년 여름에 40.2도를 기록한 적이 있지만 이런 경우는 드물다. 대부분의 경우, 연중 날씨가 온화하고 기온이 급격히 변하는 일은 거의 없다. 여름에 태풍이 오는 일도 극히 드물다. 종합적으로 보면 활동하기 편한 날씨다.

여기까지 읽으신 분들이 다음에 할 이야기를 알고 있다.

화창한 여름날의 런던 리치몬드. ⓒGetty Images

"영국에는 비가 많이 오잖아?"

그건 맞다. 그런데 조금 다르다. 비가 자주 오는 건 맞는데 많이 오는 건 아니다. 런던 기준으로 연평균 강수량은 약 627밀리미터다. 반면 서울은 1,417밀리미터다. 강수량은 서울이 런던의 두 배가 넘는다. 강수일수는 1밀리미터 이상 비가 내리는 날을 기준으로 하면, 런던이 110일 이상이고 서울은 79일 정도다. 런던이 서울보다 비오는 날이 '조금' 더 많긴 하다. 0.1밀리미터 이상 내리는 날을 기준으로 하면 서울도 110일 정도 된다. 그 기준으로 하면 런던은 164일이다. 서울보다 '조금 자주' 내리는 수준이긴 하다.

런던에서 살았던 내 경험상, 체감으로는 일주일 중 나흘은 비가 왔던 것 같다. 자주 비가 오니까 실제보다 더 자주 내리는 듯한 인상을 받은 것 같다. 비가 올 거라는 예보가 거의 매일 뜨니까 더 그렇게 느껴졌을 수도 있다.

실제로는 비가 와도 대부분 가랑비나 이슬비 수준이다. 영국인들은 이렇게 비가 오면 침을 뱉는 것처럼 내린다고 해서 스피팅(spitting)이라고 부른다. 비가 자주 오지만 하루 종일 내리는 것도 아니다. 이렇게 비가 오면 불편하지 않냐고 하는데 별로 불편할 건 없다. 개인적으로는 비 때문에라도 영국 날씨가 좀 더 편하다. 영국에는 곱슬머리가 많은데

비 오는 날의 런던 피카딜리 서커스. ⓒGetty Images

나도 그렇다. 항상 비가 부슬부슬 내리니까 머리 모양에 신경 쓸 필요가 없다. 그런데 한국은 건조한 날이 많은데 그러다가 비가 오면 머리카락이 엄청 꼬인다. 장마철이 되면 머리 모양을 어떻게 정리해야 할지 고민해야 한다. 딸도 곱슬머리라서 장마철이 되면 집 안에서 두 명이 머리 모양 때문에 골치를 앓는다.

한국에 와서 의아했던 것 중 하나는 비가 조금만 내려도 사람들이 우산을 챙기고 약속이나 행사를 취소한다는 점이었다. 영국에서는 그 정도 비는 우산 없이 그냥 다닌다. 날씨에 대해 가끔 불평은 해도 일상을 바꿀 정도는 아니다. 날씨는 그냥 날씨일 뿐이다. 비 때문에 약속이 취소된다는 건 상상하기 어렵다. 축구나 럭비 경기가 비 때문에 연기되는 건 거의 불가능한 일이다.

한국인들은 영국으로 여행을 와서도 우산을 꼭 챙기고 비가 오면 여행 일정이 망가질까 봐 걱정한다. 그걸 보면 너무 완벽하게 살려고 애쓰는 게 아닌가 싶다. 영국에서는 그런 식으로 사는 게 더 불편하고 피곤한 일이다.

지극히 사적인 영국

02

영국인은 날씨 때문에 우울하지 않다

영국인들은 날씨에 관심이 많은 편이다. 비가 자주 내리니 일기 예보도 자주 챙겨 본다. 우산을 챙기려는 이유보다는 언제 날씨가 맑아질지 궁금해서 보는 경우가 많다.

인사를 나눌 때도 날씨 얘기를 자주 꺼낸다. 날씨가 좋으면 "Lovely day, isn't it?(날씨 좋네요, 그렇죠?)", 늘 보게 되는 비오는 날씨에는 "Typical British weather, eh?(전형적인 영국 날씨네요, 뭐)" 같은 말로 대화를 시작한다. 한국 사람들이 "식사하셨어요?"로 말을 건네는 것처럼 영국인들은 날씨를 화제로 인삿말을 건넨다.

흐리고 음울한 날이 많지만, 영국인들은 이를 특별히 우울하게 여기지 않는다. 늘 그런 날씨이기 때문이다. 아내가

영국 날씨가 음울한 날이 많다는 걸 알지만 영국인들은 이 때문에 우울해하지 않는다. ⓒGetty Images

처음 영국에 와서 "구름이 너무 가깝다"고 했을 때 나는 신선하게 느꼈다. '저 흔한 먹구름을 이렇게 표현하다니.' 예술가들이 영국에서 많이 나오는 이유를 알 것도 같았다.

영국 날씨를 우울하다고 말하는 사람들은 대체로 외국인이다. 햇살이 많은 나라에서 온 사람들은 바로 차이를 느낀다. 나도 한국에 있다가 영국에 가면 '날씨가 안 좋긴 하네'라는 생각이 든다. 하지만 대부분의 영국인들은 날씨가 나쁘다는 건 알지만 실제로는 별로 의식하지 않는다. 날씨 좋은 곳에서 살아본 적이 없어서 그럴지도 모른다.

비에 대한 표현을 보면, 오히려 한국이 더 풍부하다. 우리는 가랑비처럼 조금씩 내리는 비를 'spitting'이라고 하고, 기분 나쁠 정도로 많이 오면 'pissing it down'이라고 한다. 오줌을 맞는 것 같다는 의미다. 스코틀랜드에는 더 다양한 표현이 있다고 하는데, 어떤 표현들이 있는지는 모르겠다. 반면 한국은 이슬비, 가랑비, 장대비, 소나기처럼 비를 나누는 표현이 다양하고, 해가 뜬 날 내리는 비를 '여우비'나 '호랑이 장가가는 날'이라고도 부른다. 영국에서는 매일 비를 봐도 별 감흥이 없는데, 한국어 표현은 훨씬 다양하고 기발하다. 영국인들에게 비는 그냥 일상의 일부지만, 한국 사람들은 비에 감정을 담아 표현하는 것 같다. 어쩌면 비가 내릴 때마다 감정을 투영하면 정말 우울해져서 무뎌진 것일 지도 모르겠다.

그래서인지 날씨가 어떤 결정을 내릴 때 변수로 작용한 다는 생각도 해 본 적이 없는 것 같다. 어릴 때, 외국 축구 선수들이 날씨를 이유로 맨체스터 유나이티드 같은 팀으로 의 이적을 거절했다는 기사를 보고 충격을 받은 적이 있다. 날씨 때문에 맨유를 안 간다니! 이해할 수 없었다. 지금은 그런 반응도 어느 정도 이해는 가지만, 여전히 완전히 공감 되진 않는다.

영국인들도 햇빛이 쨍쨍 내리쬐는 날씨를 좋아한다. 섭씨 22~23도 정도만 돼도 햇볕이 들면 남자들은 윗도리를 벗고 여성들은 비키니 차림으로 잔디밭에서 태닝을 한다. 영국에 서 너무 하얀 피부는 선호되지 않는다. 아파 보이고 매력이 없어 보인다고 생각한다. 여름 휴가를 연상시키는 구릿빛 피부를 선호한다. 영국 남자들은 해외로 휴가를 갔다고 하 면 해변에 누워서 대닝을 한다. 선크림도 잘 안 쓴다.

영국인들은 휴가를 갈 때는 해외로 가는 경우가 많다. 휴 가지를 선택할 때 가장 중요한 요소는 비가 안 올 게 거의 확실히 보장된 곳이어야 한다는 것이다. 영국에서는 여름 에도 기온이 15도 정도밖에 안 될 때가 있다. 해를 보려면

하이드 파크에서 일광욕을 즐기는 영국인들. ⓒGetty Images

해외로 나가는 게 정답이다. 가서 태우고 와야 휴가를 간 보람이 있다. 이런 곳을 찾아 스페인이나 그리스의 휴양지로 점령이라도 할 듯이 몰려간다.

나처럼 피부가 좀 까무잡잡한 사람은 휴가를 다녀오지 않아도 그런 느낌이 난다. 내가 어릴 때, 이웃집 아주머니께서 엄마에게 "(아들이) 키가 크고, 까무잡잡하고, 잘생겼어 (tall, dark, handsome)"라며 칭찬했다고 한다. 그런데 한국에서는 정반대다. "너 좀 탔구나?"라는 말이 일반적으로 좋은 의미는 아니다. 한국 사람들은 햇볕을 장애물인 양 철저히 피한다. 여름이면 선글라스, 큰 모자, 마스크까지 써가며 햇빛을 차단한다. 한국에서는 하얀 피부를 선호하니 당연한 행동일 수 있지만 영국에서는 햇빛만 비치면 벗어던지는 사람들을 봐서 그런지 신기했다.

사실 예전에는 영국에서도 핏줄이 다 보일 정도로 하얀 피부라는 의미의 'Blue blood'가 좋은 뜻으로 쓰였다. 햇빛을 볼 일이 없는 상류층만이 가질 수 있는 피부였기 때문이다. 그런데 언젠가부터 미의 기준이 뒤집어졌다. 영국에서는 나름 먹어 주는 외모였는데 한국에서는 그렇지 않으니 좀 억울한 마음도 들었다. 미의 기준이라는 게 이렇게 다를 수도 있다는 것을 한국에서 제대로 배웠다.

지극히 사적인 영국

문화의 차이로 보자면 여름철 영국은 한국인에게 좋은 휴가지일 수 있다. 한국보다 훨씬 시원하고 모기도 없다. 살짝 정정하자면, 원래 없었는데 요즘에는 조금씩 생기고 있다고 한다. 내가 어릴 때는 모기를 구경해 본 적이 없다. 영국인에게 모기는 생소한 곤충이다. 동남아시아 같은 곳에만 있다는 이미지를 가지고 있다. 그래서 영국인들은 모기가 있는 나라로 여행을 갔다가 이를 목격하면 큰 충격을 받는다. 잠 못 자게 날아다니고, 잡으면 피가 나고 하는 것들을 경험해 보지 못해서다.

아무튼 여름철 영국은 기온도 선선하고, 태풍도 없고, 볼거리도 많다. '비 맞는 것'만 감수하면 여름에 찜통처럼 달아오르는 서울을 벗어나는 보람이 있을 것이다.

03.

영국 음식은 세계 최고 수준

한국에 와서 가장 충격 받은 것은 영국 음식에 대한 평가였다. 날씨에 관한 평가도 좀 충격이었지만, 그건 우리가 어떻게 할 수 있는 것도 아니고 날씨 때문에 딱히 불편하지도 않아서 받아들일 수 있었는데, 영국 음식에 대한 악평이 이렇게 크다는 건 몰랐다. 외국인들은 영국 음식이 맛이 없다고 하는데 영국인들은 사실 이런 평가를 받고 있다는 사실 자체를 모르는 경우가 있다. 내가 그런 사람들 중 하나였다.

나는 어릴 때 편식이 심했다. 급식도 그냥 꾸역꾸역 먹는 정도였는데, 음식이 맛이 없어서가 아니라 내가 음식을 가려서 그런 거라고 생각했다. 엄마가 한국 음식을 종종 해주시면 맛있게 먹긴 했지만, 영국 음식이 맛이 없다는 생각은 해 본 적이 없었다.

그런데 한국에 와서는 음식 얘기를 하는 게 싫었다. 사람들과 만나면 자연스럽게 무엇인가를 먹게 마련이고 화제도 음식으로 흐른다. 그러면 꼭 "영국 음식 맛없지 않아? 피시 앤칩스(fish and chips)는 그래도 괜찮다곤 하던데" 하는 식의 질문을 받는다. 내가 애국자는 아니지만 이런 식의 질문을 받으면 나도 모르게 방어적이 된다. "아닌데? 되게 맛있는데? 잉글리시브렉퍼스트(English breakfast) 몰라?" 하면서 열심히 영국 음식이 훌륭하다고 항변한다. 잉글리시브렉퍼스트를 본 한국 사람들의 반응은 "응, 이렇게 생겼구나" 하는 정도다. 립 서비스라도 해 줄 생각이 없는 것 같다.

되게 맛있는 잉글리시브렉퍼스트. ⓒGetty Images

한국에 살다 보니 한국인들의 반응이 이해는 간다. 더우면 냉면, 추우면 국밥 하는 식으로 날씨에 따라 먹는 음식이 있고, 스트레스를 받으면 매운 걸 먹고, 생일에는 미역국, 기분 좋은 날에는 삼겹살에 소주 한잔. 날씨나 기분, 특별한 날, 계절에 따라 먹는 음식이 달라진다. 음식 문화의 다양함과 식재료 활용 등을 보면 영국 음식으로는 도저히 방어가 안 된다.

솔직히 처음에는 영국 음식이 맛없다는 말을 들으면 기분이 상했다. 누가 내 아내를 욕하는 것 같아서 듣기 싫었다. 하지만 한국을 비롯해 전 세계 모든 사람들이 입을 모아 영국 음식이 맛이 없다고 하고, 한국의 음식 문화를 경험해 보니 왜 그런 이야기가 나오는지 이해는 할 수 있게됐다. 영국인은 한국이나 이탈리아처럼 음식에 대한 자부심이 없기도 하다.

그러나 영국 음식이 맛이 없다는 편견은 풀어 주고 싶다. 일단 영국 전통 음식과 영국 음식을 구분해야 한다고 생각한다. 한국 사람들이 말하는 맛없는 영국 음식은 영국 전통음식이다. 피시앤칩스, 파이, 매시트포테이토(mashed potato) 같은 것들이다. 이런 음식들은 원래 간이 거의 안 되어 있고 플레인(plain)하게 조리한다. 그냥 먹으면 싱겁다. 그래서 영국 식탁에는 후추나 소금이 비치되어 있다. 알아서 간을 맞추고, 영국인들의 소울 소스인 토마토소스나 그레이비소스(gravy)를 뿌려 먹는다.

한국 사람들은 간이 다 되어 있는 음식을 먹으니까 영국 전통 음식을 접하면 맛이 없다고 하는데 자기 취향대로 소금이나 소스를 뿌려 먹으면 된다. 피시앤칩스도 토마토소스를 찍어 먹으면 절대 나쁘지 않다. 우리는 어릴 때부터 플레인하게 먹는 데에 익숙해서 영국 전통 음식을 먹으면 배가 채워지고 따뜻하고 위안을 받는 느낌이 든다. 어린 시절이 생각나고, 급식도 생각나고, 엄마도 생각나는 그런 맛이다.

참고로 토마토소스는 미국인들이 생각하는 파스타용 소스가 아니라 케첩이다. 영국인들은 이 케첩이 없는 삶을 상상하기 힘들다. 그래서인지 좀 더 소중한 느낌을 담아 케첩을 토마토소스라고 부른다. 케첩이라고 하면 공산품 느낌이 나서 그런가 싶기도 하다. 영국의 토마토소스는 곧 하인즈 케첩이다. 공산품이지만 영국인의 소울을 풍요롭게 해준다.

영국 전통 음식이 아닌 영국 음식은 세계 최고 수준이다. 고든 램지 같은 슈퍼스타 셰프들도 영국인이거나 영국에서 식당을 연 경우가 많다. 런던에 있는 이탈리아 식당이나 인도 식당은 정말 맛있다. 외국인들은 이런 음식을 영국 음식으로 인정하지 않는데 절대 그렇지 않다. 영국은 이민자가 들어온 지도 오래됐고 그들이 영국에 오면서 음식 문화가 발전했다. 이제 뭄바이보다 런던에 인도 식당 수가 많다고 할 정도이고, 인도 지역별로 음식을 개발할 정도다. 이렇게 다양한 사람들이 와서 새로운 영국 음식을 만들어 낸 것이다. 중국집에서 파는 짜장면이 한국 음식인 것처럼 이들이 만들어 낸 음식은 영국 음식이다.

영국인 입장에서는 영국이 왜 이렇게 음식이 맛없는 나라로 각인됐는지 모르겠다. 우리보다 음식을 맛없게 하는 나라도 있을 법한데 말이다. 어느 나라인지는 모르겠지만. 영국이 유명한 나라라서 그런 걸까? 생각해 보면 세계 어느 나라를 가도 영국 식당이 없는 건 좀 이상하긴 하다. 대영제국이 세계를 지배했다고 하는데 왜 식문화는 전파되지 못했을까? 영국 요리가 정말 맛이 없어서 식민지 사람들도 거부했던 것일까? 식민지의 풍부한 식재료나 향신료를 들여와서 요리를 발전시킬 수도 있었을 텐데 그렇지도 않았다. 하필 인도 같은 나라를 식민 지배하고, 중국과 교류하는 와중에 넘을 수 없는 벽을 느끼고 포기해 버린 것일까?

보라. 런던에 있는 어느 인도 음식점인데, 음식이 얼마나 맛있으면 영국인들이
줄을 서고 기다린다. 짜장면처럼 정말 맛있는, 인도풍의 '영국 음식'이다.
ⓒGetty Images

영국 전통 음식은 집에서 간편하게 먹는 음식이다. 소박하고 간소한 게 특징이다. 요리를 꾸미는 데 신경을 쓰지 않아서 비주얼도 별로다. 잉글리시브렉퍼스트는 평가가 괜찮지만 대부분은 음식이 화려하지도 않고 맛이 평범한 편이라 다른 나라들에 비해 음식이 폄하되는 것도 있는 것 같다. 그러나 "영국 음식이 정말 맛이 없어?"라고 물어보는 사람한테, "어떤 음식을 먹어 보셨어요?" 하고 물어보면 대부분 아예 먹어 본 적이 없는 경우가 대부분이다. 그런 분들이 런던을 방문한다면 커리(curry)와 탕추러우(탕수육)를 추천한다. 영국 음식이 맛없다는 말은 못하게 될 것이다.

04

음식이 꼭 맛있어야 하나요?

영국 음식이 저평가 받는 데에는 지리적인 위치도 한몫하는 것 같다. 바로 옆은 프랑스고, 이탈리아와 스페인도 가깝다. 이런 나라들을 기준으로 하면 영국 음식이 '조금 미흡할 수도 있다'는 건 인정한다.

이런 나라들보다 음식 맛이 없다면 그건 문화의 차이 때문이라고 봐야 한다. 영국인에게 음식이란 '연료'다. 자동차에 기름을 넣는 것처럼 몸에 칼로리를 채우는 게 음식을 먹는 이유다. 딱히 맛을 따질 필요도 없고 움직일 수 있는 에너지만 보충하면 된다는 마인드다. 이런 자세로 산업혁명을 일으켰던 게 아닐까 싶기도 하다.

그래서인지 영국인들은 음식에 관심이 별로 없다. 한국

직장에서 일할 때 동료가 "Have you eaten?(밥 먹었어?)" 하고 물어보면 상당히 거슬렸다. 이런 말은 보통 아이들한테 하는 말이다. '그게 무슨 상관이지?', '내가 아이로 보이나?', '"한 시간 전에 뚝불 먹었는데요?" 하고 대답해야 하나?' 이렇게 별의별 생각이 다 들었다. 밥이 중요한 한국 문화를 몰라서 오해했던 것이었다. 나를 걱정해 주는 말이라는 걸 알게 된 이후로는 따뜻한 마음을 느낄 수 있었다. 하지만 대부분의 영국인들은 이런 상황을 겪게 된다면 엄청나게 부담스러워 할 것이다.

한국에서는 점심시간도 곤욕이다. 점심 메뉴를 출근할 때부터 고민해야 한다. 그냥 간단히 먹고 싶어도 쉽지 않다. 일단 간단히 점심을 먹을 만한 음식점이 별로 없다. 그렇다고 점심 때 분식집에 가서 김밥 한 줄 먹는 건 또 실례 같으니 이것저것 시켜 먹으면 더 많이 먹게 된다. 그보다도 영국인을 힘들게 하는 건 맛집이 너무 많다는 사실이다. 하루하루 새로운 맛집을 찾아야 하는 일은 고통스럽다. 매일같이 '어느 주유소에서 기름을 넣으면 차가 좋아할까'를 고민한다고 생각해 보라. 스트레스를 받을 수밖에 없다.

영국 음식에 대한 악평에는 음식을 대하는 영국인의 태도 문제도 있는 것 같다. 어떤 전문가가 "이탈리아 사람은 사랑과 열정을 다 쏟아 요리를 하는데 영국은 그런 게 거의 없다"고 평가했다고 하는데, 맞는 말이다. 영국인들은 일단 음식이 맛있어야 한다는 개념이 별로 없다. 기준이 다르다고 해야 하나? '먹을 수 있나 없나'가 더 중요한 것 같다.

이런 개념에 가장 잘 어울리는 음식이 '베이크드빈(baked beans)'이 아닐까 싶다. '베이크드빈'은 통조림 콩으로 토스트나 통감자 위에 올려 먹는다. 한국으로 치면 약간 라면을 먹듯이 한 끼를 때울 때 먹는 느낌이랄까. '베이크드빈'은 하인즈에서 만드는데 영국과 호주에서 압도적인 인기를 자랑한다. 미국산 공산품이 영국인의 소울 푸드와 소울 소스

영국인의 소울 푸드인 하인즈 베이크드빈.
ⒸGetty Images

를 책임지고 있다.

베이크드빈을 활용한 음식은 어릴 때 처음 배우는 요리는 아닌 것 같고, '무언가 먹을 수 있는 것'이라는 느낌이다. 유럽이나 미국 사람들은 이걸 도대체 무슨 맛으로 먹느냐고 하는데, 어쨌든 간편하게 먹을 수 있으면 음식으로서 역할을 다한 것 아닌가?

영국 엄마들도 딱히 음식에 열정을 쏟지 않는다. 어릴 때 친구 집에 가면 소시지나 냉동 치킨 너겟 같은 걸 많이 먹었다. 냉동식품을 전자레인지에 돌려서 식사를 하거나 간식을 내준다.

만약 맛이 없다고 느껴진다면 일단 토마토소스나 그레이비소스를 활용해 보길 권한다. 예전에 축구 선수 티에리 앙리가 아스널에 입단했을 때 클럽 식당에 케첩이 있는 걸 보고 놀랐다는 이야기가 2017년 영국 축구 잡지 〈포포투(FourFourTwo)〉에 실린 적이 있었다.

케첩! 여기도 케첩, 저기도 케첩, 모든 음식에 케첩을 뿌려! 음식 맛은 안 보고 싶은 거야?(웃음) 여기 내 친구 한 명이 있는데, 걔한테 스파게티 볼로네제를 주면 꼭 케첩을 뿌려. 그냥 스파게티만 줘도 케첩을 뿌리고, 어떤 음식이든 다 케첩을 뿌려. 그래서 내가 이렇게 말했어. "그렇게 케첩이 좋으면 그냥 마셔! 빨대 꽂아서 병째 들이켜!" 또 하나는 그레이비야—음식 위에, 접시 전체에 그냥 부어서 그레이비 말고는 아무것도 안 보여. 팀 애들이랑 이야기하면서 맨날 웃어. 내가 이렇게 말하거든. "지금 뭐 먹는지 알아? 그렇게 케첩이랑 그레이비를 덕지덕지 뿌려서 무슨 맛이 나는 거야?"

아스널에 정말 대단한 마사지사가 한 명 있어. 그 사람이 접시 하나에 이것저것 다 담는 걸 보면 정말 놀라워. 전채 요리는 한쪽에, 으깬 감자, 파스타, 밥까지 한 접시에 다 올려. 그리고 그 위에 고기를 덮고, 소스를 잔뜩 부어 버려. 그래서 내가 그 사람한테 이렇게 말하지. "전채는 한 접시에 담고, 메인 요리는 따로 다른 접시에 담으면 안 돼?"

Ketchup! Ketchup here, ketchup there, you put ketchup on everything! Don't you want to taste the food? (Laughs). I've got a friend here, and if you give him spaghetti bolognese he'll put ketchup on it. Give him spaghetti, he'll put ketchup on it. Any kind of food, and he'll put ketchup on it. I say to him "If you like it so much, drink it! Put a straw in the bottle, go for it!"

The other thing is gravy—all over the food, all over the plate until you can see nothing but gravy. I have a laugh with the guys in the team. I say: "Do you know what you're eating? Can you taste anything with all that ketchup or gravy everywhere?"

At Arsenal we have a masseur who is just extraordinary. He takes his plate, and fills it with a bit of everything. He puts everything on the same plate! He puts his starter on one side, then some mashed potato, some pasta, some rice. Then he slaps a bit of meat on top of it all and drowns it in sauce. I say to him "Put your starter on one plate and then get up and go and get another one for your main dish?"

"왜 케첩을 음식에 넣어 먹느냐, 음식이란 원래 맛있어야 하는 거다." 이런 요지의 발언을 한 것인데, 앙리가 아스널 선수인에도 기분이 나빴다. 케첩, 즉 토마토소스는 한국인으로 치면 고추장 같은 존재다. 케첩을 무시하는 건 영국 음식의 본질을 무시하는 느낌이다. 프랑스에서는 케첩이 나오면 요리사가 실패한 것이라고 하지만 케첩은 생각보다 좋은 소스다. 밥에 비벼 먹어도 괜찮다. 어렸을 때 우리 집

지극히 사적인 영국

에 친구들이 놀러 왔을 때 엄마가 한국식으로 쌀밥을 주신
적이 있었는데, 영국인에게 볶지 않거나 소스가 들어가지
않은 쌀밥은 생소하다. 그래서 친구들이 케첩에 밥을 비벼
먹었는데 나도 따라해 보니 맛있었다. 입맛이 없으면 케첩
에 밥을 비벼 먹는 걸 추천한다.

영국인으로서 자신 있게 권할 수 있는 전통 음식은 선데
이 로스트(Sunday roast)다. 말 그대로 일요일에 먹는 음식으
로, 양고기나 소고기, 닭고기 등 어떤 고기든 상관없다. 2~3
시간 동안 구우면 어떤 고기든 연해진다. 여기에 채소와 그
레이비소스를 곁들여 먹는다. 보통 가족들이 모여서 대화
를 하며 먹는 일종의 만찬인데, 아빠가 큰 덩어리를 숭덩
썰어서 주는 게 선데이 로스트의 대표적인 이미지다. 여기
에 요크셔 푸딩(Yorkshire pudding)도 빠질 수 없다. 한국에서 푸
딩은 디저트처럼 여겨지는데 요크셔 푸딩은 빵 반죽으로
만든 페이스트리 같은 음식이다. 선데이 로스트의 필수 요
소이고, 선데이 로스트처럼 영국인들의 국민 음식이다.

영국에서는 집에서 선데이 로스트를 먹으며 가족들과 대
화를 하는 게 일반적이다. 음식도 맛있지만 지나고 보면 그
시간이 소중하게 느껴진다. 한국에서는 가족들이 식사할
때 외식을 하는 경우가 많다. 같이 모이기도 힘들고 집에서

구운 소고기에 브로콜리, 양배추, 당근, 파스닙, 구운 감자, 요크셔 푸딩이 곁들어
진 선데이 로스트. ⓒJeremy Keith

요리를 하기도 쉽지 않다. 한국에서 선데이 로스트를 하려면 부담이 커서 자주 할 수 없는 게 아쉽다.

선데이 로스트는 외국인도 먹을 수 있다. 펍에서도 '선데이 로스트'나 '선데이 디너' 같은 메뉴로 파는 곳이 있다. 이 음식만큼은 자신 있게 권할 수 있다.

외국에 나가 보면 싱거운 영국 전통 음식이 상대적으로 맛이 떨어진다는 것을 인정하지 않을 수 없다. 그러나 결국 제일 맛있고 따뜻한 음식은 엄마가 해 준 음식이다. 다른 나라 엄마가 해 준 음식이 우리 엄마 음식보다 맛있을 수는 있어도 그 추억과 편안함만은 이길 수 없다. 영국인에게 전통 음식이란 이런 것이다. 그래서 나도 영국에 가면 일단 전통 음식을 먹게 된다.

PART VI.

영국인이 사는 법과 키우는 법

01

집에서도 참고 산다

한국과 영국은 주거 문화가 완전히 다르다. 추구하는 삶의 방식과 환경이 달라서인지 정말 극과 극이라고 할 정도다.

영국인과 한국인이 같이 살면 가장 먼저 부딪히는 문제 중 하나가 주거지의 온도다. 적절한 온도의 개념이 너무 다르다. 영국인들은 보통 겨울 실내 온도가 섭씨 18도 정도면 충분하다고 생각한다. 20도가 넘어가는 건 있을 수 없는 일이다. 추우면 옷을 더 걸치고 물을 끓여서 팩에 넣고 끌어안으면 된다. 발이 시려우면 양말을 신고 슬리퍼를 신으면 된다. 그런데 이런 온도가 한국 기준으로는 얼음장이라고 한다.

실제로 아내는 영국에서 살 때 추위 때문에 고생을 많이

가장 최근에 부모님께서 거주하셨던 영국 집. 소파에 앉아 계신 분은 돌아가신 아빠다. 나도 이 집에서 약 6년 동안 살았다. ⓒPeter Bint

했다. 영국에는 온돌이라는 개념이 없다. 겨울철에도 온화한 날씨라서 그렇기도 하지만, 방바닥을 데운다는 개념이 없다. 그저 벽에 붙어 있는 라디에이터 하나면 충분하다고 생각한다. 한국에서는 겨울에도 실내 온도를 24도 이상으로 놓고 지내는 경우가 많은데, 한국 기준으로 보면 영국의 집은 냉방이다. 사실 나도 한국에 있다가 영국에 가면 집이 춥게 느껴지긴 한다. 여름은 그나마 낫다. 영국의 여름 날씨는 에어컨이 필요 없어서 온도 조절로 부딪칠 일은 거의 없다.

영국에서 자란 사람이 보기에 한국 사람은 참을성이 없는 것 같다고 느껴진다. 반대로 한국 사람은 영국 사람이 지나치게 궁상을 떠는 것처럼 보일 수도 있다. 영국인의 기본은 그냥 참는 것이다. 조금 추우면 참으면 된다. 조금 더우면? 참으면 된다. 이런 문화에서 컸는데 한국에 오면 새로운 세상이 펼쳐진다. 겨울에 패딩을 입고 출근했는데 사무실은 너무 더워서 반바지에 반팔을 입고 근무하고 싶은 생각이 든다. 여름철에는 반팔을 입고 출근했는데 사무실이 너무 추워서 옷을 껴입게 된다. 실외와 실내의 온도 차가 크다 보니 옷을 이중으로 준비해야 할 때가 있다.

영국은 그렇지 않다. 겨울철에는 실내에서 외투만 벗으면 된다. 사무실이 추우면 외투를 다시 걸치면 그만이다. 여름은 그다지 덥지 않으니 신경 쓸 필요도 없다. 이런 상황이니 영국인과 한국인이 결혼해서 함께 살면 보일러와 에어컨 온도를 놓고 실랑이를 벌인다. 영국인에게 겨울철 한국의 집 안은 너무 덥고 여름은 너무 춥다. 같은 방에서 자는 게 곤욕스러운 일이 되어 버린다.

한국인들은 영국인들이 왜 이렇게 사는지 납득하지 못한다. 쾌적하게 살면 좋은데 왜 아끼냐고 한다. 하지만 영국인의 입장에서 보면 절약이라기보다는 단순히 '버틴다'는 개념에 가깝다. 돈을 아끼려는 목적이 없는 건 아니지만, 그보다는 불편을 내색하지 않고 받아들이는 삶의 자세에 가깝다.

좋게 말하면 검소함이고, 나쁘게 보면 고지식함이다. 언제부터 영국인들이 이렇게 살았는지는 모르겠다. 주변을 보면 10년 이상된 오래된 차를 타고, 검소하게 먹고 입고 지내는 것을 당연하게 여긴다. 어쩌면 전쟁을 거치면서 참고 견디는 것이 당연한 미덕이 된 것이 아닌가 싶기도 하다. 전쟁을 거치고 제국이 해체되면서 영국인들은 미래에 내한 희망을 가지기 어렵게 됐다. 언제든지 직장에서 해고될 수 있고 생계를 걱정하는 상황이 될 수 있었다. 미래가 불안하니 조용히 검소하게 남들과 부딪히지 않고 사는 삶을 받아들인 것일 수도 있다.

지극히 사적인 영국

사실 한국에 살면서 정말 적응하기 어려운 것은 온도보다는 '아랫집 문제'다. 아파트는 영국에서 보편적인 주거 형태가 아니다. 한국의 아파트나 빌라, 오피스텔 같이 주거 공간이 집합되어 있는 건물은 영국에서는 보통 플랫(flat)이라고 불린다. 일반적으로는 저소득층을 위한 주거 공간으로 싼값에 지어진다. 이런 집들은 대체로 방음이 잘 안 된다. 옆집 이야기가 다 들리기도 하고 윗집에서 쿵쿵거리는 소리가 들리는 것도 당연하다. 이런 곳에서 살면 서로서로 참아야 한다. 어느 정도 배려하고 희생해야 살 수 있다. 그야말로 매너가 필요한 곳이다.

한국의 아파트는 영국과는 다르다. 임대 아파트도 있지만 대체로 좋은 재료로 잘 지은 아파트들이 대부분이다. 아파트 가격을 보면 상류층을 위한 주거 공간이라고 해도 과언이 아니다. 그런데 한국의 아파트에는 자유가 거의 없는 느낌이다. 아이가 조금이라도 뛰면 바로 항의가 들어온다. 나는 윗집에서 아이들이 뛰거나 쿵쿵거리는 건 생활 소음이라고 생각하고 별 생각을 하지 않는데 아랫집은 그렇지 않은 것 같다. 서로 배려하면 좋을 텐데 아랫집은 윗집한테 항상 피해를 입고 산다는 느낌이다.

영국에서라면 전혀 문제되지 않을 행동에 항의가 들어오

에섹스 지역의 소박한 집들. ⓒGetty Images

니 난감하고 스트레스를 받는다. 영국에서라면 이 정도 아파트를 살 재력이면 단독 주택을 사서 마음 편하게 살 텐데, 한국은 단독 주택보다는 아파트의 가치가 훨씬 높고, 주거 환경이 더 좋다고 여겨진다. 공동 주택이라면 서로 배려하고 참고 사는 게 당연한 것 같은데 한국 사람들은 공동 주택에 살면서도 너무 예민한 것 같다. 영국인으로서는 주거 공간에 대한 문화 차이만큼은 적응하기 어렵다.

02.

영국인의 로망은 정원이 있는
단독 주택

넷플릭스에는 〈그렌펠 화재 사건〉이라는 다큐멘터리가 있다. 그렌펠 타워는 런던 노스켄싱턴에 위치한 24층짜리 고층 임대 아파트였는데, 대부분 저소득층이나 이민자들이 거주했다. 2017년 이곳에서 일어난 화재로 72명이 목숨을 잃었다. 제2차 세계 대전 이후 가장 많은 사망자를 낸 주거지 화재였다. 공공 주택 관리 민영화와 부실한 건물 관리, 대피 지시가 늦은 점 등 총체적 부실이 드러난 사건으로, 한국의 세월호처럼 영국 사회에 큰 충격을 주었다. 영국인들은 대규모 공동 주택이라고 하면 그렌펠 타워를 떠올린다.

영국인들이 플랫으로 부르는 공동 주택은 보통 경제적으로 선택의 여지가 없을 때 거주하는 곳으로 여긴다. 정

영국인들에게 큰 충격을 준 2017년 6월 그렌펠 타워 화재. ⓒNatalie Oxford

상적인 주거 형태가 아니라고 생각하기 때문이다. 영국인들이 가장 선호하는 주거 형태는 디태치드 하우스(Detached House)다. 한국의 단독 주택하고 비슷하다고 보면 된다. 정원과 마당, 차고가 있고 다른 건물과는 떨어져 있다. 방갈로(Bungalow)도 비슷한데 방갈로는 보통 1층 구조인 반면 디태치드 하우스는 2층 이상인 경우가 많다. 계단이 필요없는 방갈로는 노년층이나 은퇴자들이 선호한다.

그다음은 세미디태치드 하우스(Semi-Detached House)다. 두 세대가 벽 하나를 공유하는 주택이다. 디태치드 하우스에 비해서는 경제적이다. 마당도 있고 어느 정도 프라이버시를 지킬 수 있다.

여러 세대가 다닥다닥 붙어 있는 집은 테라스드 하우스(Terraced House)다. 최소 2개의 벽을 다른 집과 공유해야 하는데 이런 집들은 보통 산업 혁명 시기 노동자들을 위해 지어진 경우가 많아 방음이 취약하다. 옆집 대화가 다 들릴 정도라서 벽을 두드리며 항의하는 일도 자주 발생한다. 영국은 위아래 소음보다는 옆집 소음이 더 큰 문제다. 그래도 여기까지는 마당과 정원을 작게나마 보유할 수 있는 집들이 있다.

그밖에도 메이저넷(Maisonette)이라고 불리는 주거 형태도

덕스포드에 위치한 모던한 스타일의 디태치드 하우스. ⓒGetty Images

맨체스터에 위치한 세미디태치드 하우스. ⓒGetty Images

케임브리지에 위치해 있는 테라스드 하우스. ⓒGetty Images

메이저넷. ⓒadara

있다. 오래된 주택이나 저층 아파트를 다세대로 분리한 형태로 출입구가 독립되어 있다는 것이 특징이다. 다소 다른 면이 많지만 셜록 홈즈가 하숙을 했던 베이커가의 집에서 출입구만 독립되어 있다면 메이저넷으로 볼 수 있다. 이런 집에는 정원이 없을 수도 있다. 주로 도심에서 많이 볼 수 있는 주거 형태다.

한국식 아파트는 보통 영국에서는 플랫이나 아파트먼트 (Apartment)로 불린다. 저층이면 플랫, 고층이면 아파트먼트 인데, 저소득층 주거지라는 맥락으로 부를 때는 플랫으로 부르는 게 일반적이다. 내가 어렸을 때 김포공항에서 내려서 서울로 가면 고층 아파트들이 많이 보여서 엄마한테 "왜 서울에는 아파트만 있어?" 하고 물어봤던 기억이 있다.

지금 서울의 집값은 정말 놀라울 정도로 올랐다. 처음 한국에 정착하러 왔던 2008년만 해도 5억 원이면 서울에서 강남을 제외한 곳에서 30평대의 괜찮은 아파트를 살 수 있었던 걸로 기억한다. 그때 5억 원이면 런던에서는 중심가인 센트럴 기준으로 정말 조그마한 아파트를 사거나 런던 외곽에 있는 집을 살 수 있을 정도였는데, 지금 서울의 강남의 집값은 20억 원이 우습고 서울 중심에 근접한 지역도 10억 원을 훌쩍 넘는다. 그 정도면 런던에서 센트럴 쪽만

피하면 좋은 집을 살 수 있을 정도의 금액이다.

영국인 입장에선 정원도 마당도 없는 공동 주택에 20억 원을 투자한다는 건 납득하기 어렵다. 거기다 한국 아파트는 지켜야 할 규칙도 많다. 주차할 때는 화단 보호를 해야 한다면서 전면 주차를 해야 하고, 냄새가 나는 요리는 눈치가 보인다. 아이가 조금만 뛰어도 가슴을 졸여야 하고, 낮에도 가구를 옮기거나 세탁기를 돌리는 일이 부담스럽다. 내 집인데도 조심해야 할 게 너무 많다. 이런 면에서 한국과 영국은 매너의 기준이 다른 것 같기도 하다. 영국에서는 자기 집에서는 자유로워야 한다는 인식이 강하다. 공공장소에서는 서로 배려해야 한다는 점은 한국과 비슷하지만, 영국은 '집 안'만큼은 개인의 공간으로 존중받아야 한다고 본다.

집이 다 똑같이 생긴 것에도 답답함을 느낀다. 이해할 수 없는 것 중 하나가 대문이다. 한국은 영국보다 훨씬 안전한 나라인데 아파트 대문은 단단한 철문으로 되어 있다. 호수가 붙어 있는 쪽에 창살만 뚫어 놓으면 감옥 문으로 만들어도 될 것 같다. 영국의 집들은 나무나 유리로 된 문이 일반적이다. 집도 대로변에 있어서 누구나 접근할 수 있다. 안전상으로 보면 훨씬 불안하지만 더 예쁘고 독특한 디자인이 많다. 한국 사람들은 이런 대문이 불안하지 않냐고 하는데,

영국인들은 한국식 아파트 대문은 절대 받아들이지 않을 것이다. 사실 세계에서 가장 안전한 나라에서 사는 한국 사람들이 왜 그렇게 불안해하는지 영문을 모르겠다.

한국의 아파트는 창문도 이중 섀시로 되어 있어서 손을 댈 수가 없다. 너무 독특하게 바꾸면 나중에 집값이 떨어질 수도 있고 돈도 많이 드니 그냥 살아야 한다. 다락방 같은 건 꿈도 꿀 수 없다. 영국의 주택들은 보통 2층이 있고 지붕 밑에는 다락방을 만들어 아이들을 위한 공간으로 만들어 주기도 한다. 한국에서는 이런 모든 것들을 포기하고 똑같이 생긴 집에서 살아야 한다.

영국인들은 이런 이야기를 들으면 그런 답답한 집에서 어떻게 사냐고 의아해한다. 자기 집이지만 자유가 전혀 없는데 불편하고 스트레스를 받지 않냐고 한다. 가격이 싸면 모르겠지만 영국에서도 고급 주택을 살 수 있는 돈으로 왜 그런 불편한 곳에서 사는지 이해하지 못하는 것이다.

03

새 집보다는 시간이 깃든 집

이렇게 주거 문화 차이는 일상에서의 '여유'에 대한 관점에서 비롯된 듯하다. 한국식 아파트는 분명 장점도 많다. 시설에 문제가 생기거나 고장이 나면 어지간한 건 해결해 준다. 관리비를 내기는 하지만 세대가 많으면 나눠서 내니 경제적이다. 시간과 노력을 들이지 않아도 기본적인 서비스가 제공되니, 바쁜 일상 속에서는 효율적인 선택이 될 수 있다.

영국에서는 일상의 불편을 한국과는 다르게 받아들인다. 정원에 나가 잔디를 깎고, 식물을 심고, 집을 수리하는 건 귀찮고 불편한 일이 아니라 취미처럼 여긴다. 이런 데 시간을 들이는 것을 낭비라고 생각하지 않는다. 반면 한국에서는 그런 시간이 있으면 아이들을 데리고 유원지나 캠핑을

정원을 가꾸고 돌보는 일은 영국인에게 귀찮은 일이 아니다. ⓒGetty Images

가거나 문화생활을 하는 게 더 가치 있는 일처럼 여기는 것 같다. 어릴 때부터 정원 관리를 하거나 집안의 고장난 기물을 고쳐 본 적이 없어서 그런 것도 있다. 문제가 생기면 전문가를 부르는 것이 익숙하다.

집에 대한 인식 차이도 있다. 한국에서는 집이 곧 투자 수단이다. 집값에 민감하고, 부가 가치를 떨어뜨릴 수 있는 행동은 기피된다. 반면 영국에서는 실거주 목적의 가치가 우선이다. 물론 런던 중심부 같은 일부 지역은 예외지만, 대부분은 정원이 있는 디태치드 하우스에서의 조용한 삶을 선호한다. 마당에서 바비큐를 하고, 맥주 한잔을 즐기는 그런 삶이 이상적이다. 한국에서는 정원이 있으면 벌레가 들어온다며 단독 주택을 꺼리는 경우도 있지만, 영국에서는 정원이 있으면 자연의 일부인 곤충도 당연히 있는 거라고 생각한다.

영국에는 오래된 집들도 많아서 집을 수리하고 꾸미는 것을 즐긴다. 한국에서는 40년 정도면 엄청 오래된 집으로 취급하는데 영국에는 150년은 돼야 오래된 집 축에 든다. 영국인들은 집을 선택할 때 역사도 본다. 좀 오래되고 나름의 스토리가 있으면 더 좋아한다.

이런 맥락에서 처음 경복궁에 갔을 때는 조금 실망했다.

지극히 사적인 영국

블레넘 궁전. 영국인들은 집이든 궁전이든 역사성이 있어야 하고,
살아 있는 느낌이 들어야 한다고 생각한다. ⓒGetty Images

거의 껍데기만 남아 있는 공간처럼 느껴져서다. 여기서 무슨 일이 있었는지 상상하기 어렵다고 할까. 건물만 덩그러니 남아 있어서 그런 느낌이 들었다. 영국의 윈저성이나 처칠의 가문인 말버러 공작이 소유한 블레넘 궁전(Blenheim Palace)을 가보면 여전히 실제로 사람들이 거주하고 역사적인 기물들을 지금도 사용하고 있다. 말 그대로 살아 있는 역사의 공간이다. 버킹엄궁은 말할 것도 없다. 이런 곳은 워낙 규모가 커서 유지비가 많이 든다. 그래서 관광지로 만들어 일부를 개방하고 입장료를 받아 계속 살아 있는 건물로 유지하는 것이다.

이런 문화를 접해서인지 영국인들은 새 물건보다는 오래된 물건을 물려받고 아끼는 경향이 많다. 영국인들의 집에 가 보면 할아버지가 썼던 책상이나 아버지가 누웠던 요람 같은 것들이 흔하다. 물려주고 물려받아 이어지는 것들을 중요하게 생각한다. 다른 사람의 집이라도 이런 역사와 이야기가 있는 집들을 좋아한다. 그래서 오히려 새로 지은 집은 역사가 없다고 해서 단점이 될 정도다.

한국은 일제 강점기와 전쟁을 거치며 재건한 국가다. 급격한 경제 성장을 이루는 과정에서 새롭고 효율적인 것을 빠르게 수용했지만, 그만큼 오래된 것을 지키기는 어려웠던 것 같다. 오랜 역사와 전통을 가진 한국이 과거의 찬란한 유산을 제대로 보존하고 보여 주지 못하는 점은 아쉽다. 이런 점에서는 영국이 조금 더 나은 것 같다. 한국에서도 단독 주택을 가꾸며 여유를 누리고 전통을 지킬 수 있는 문화가 확산되면 좋겠다.

개인적으로는 한국의 주거 문화 중에 집에서 신발을 벗는 문화가 마음에 든다. 영국은 집에서 신발을 신고 생활하는 문화다. 어릴 때 친구들이 우리 집에 오면 엄마가 신발을 벗으라고 해도 아랑곳하지 않았다. 익숙하지 않으니 그냥 신발을 신고 들어왔다.

영국은 집 구조상 현관 쪽에 신발장 같은 게 없다. 1층 현관에서 들어가자마자 바로 방이 나오는 구조다. 신발을 벗어 놓을 데가 없으니 그냥 신고 들어간다. 바닥에는 카펫이 깔려 있어서 신발을 신고 들어가도 별로 티가 안 난다. 그렇다고 신발을 신고 침대에 올라가지는 않는다. 그런 장면은 미국 드라마에서나 나오는 거다. 영국인은 그런 짓까지는 하지 않는다.

요즘에는 영국에서도 실내에서 신발을 벗는 문화가 확산되고 있다. 카펫에 알레르기가 있는 사람도 많고, 무엇보다도 카펫에 얼마나 먼지가 많은지 알려지고 있기 때문이다.

그래서 영국 집 구조도 조금씩 바뀌고 있다. 한국처럼 마루를 깔고 맨발로 생활하는 사람도 있다. 어찌 됐건 위생상 집에서 신발을 벗는 게 바람직해 보인다.

그렇지만 이 문화가 일반화될 수 있을지는 모르겠다. 개인적인 편견이기는 한데, 영국인들은 발냄새가 좀 심한 것 같다. 한국인들은 냄새가 별로 안 나는 편인데, 발냄새도 덜 난다. 그런데 영국인들은 발냄새가 많이 나서 신발 벗기를 좀 꺼려하는 경우도 있는 것 같다. 부끄러워서 신발 벗기를 싫어하는 사람도 있을 수 있으니 그런 사람을 만나면 배려해 주기를 바란다.

04

아이를 낳고 4시간 만에
퇴원해야 하는 영국

한국 사회의 심각한 이슈 중 하나는 출산율이다. 통계청이 발표한 2024년 기준 합계 출산율이 0.75명이다. 한국에서 아이를 키워 보니 한국의 출산율이 왜 이렇게 낮은지 알 것 같다. 아이를 낳고 키우고 싶다는 생각을 하기 쉽지 않은 분위기다.

영국도 최근 들어 출산율이 낮아지는 추세다. 영국 통계청(Office for National Statistics, ONS)이 조사한 2024년 기준 합계 출산율은 1.44명이다. 이는 1938년 통계 작성 이래로 최저 수준이다. 그러나 한국에 비하면 양호한 편이다.

나는 2014년부터 2015년까지 영국에서 살면서 아들 지오를 키우고, 딸 엘리를 낳았다. 그러면서 영국과 한국에서 출산과 육아를 모두 경험할 수 있었다. 결론적으로 돈만 있다면 한국이 아이를 낳는 것까지는 더 좋을 수 있지만 육아를 하는 데 있어서는 영국이 더 낫다고 생각한다.

한국은 출산 전부터 신경을 많이 쓴다. 임신하면 산부인과에 가고, 정기적으로 스캔하면서 상태를 확인한다. 백화점 문화 센터 같은 데에서 태교 프로그램에 참여하기도 하면서 출산을 준비한다. 그런데 그 준비라는 게 남편들이 참여할 수 있는 프로그램이 별로 없다. 거의 산모들 위주로 진행된다. 오로지 산모가 몸 관리를 잘하다가 때맞춰서 산부인과에 가서 출산을 하고, 그다음 코스로는 그 유명한 산후조리원에 들어간다.

산후조리원은 신세계다. 영국에서 산후조리원 같은 시설은 연예인이나 진짜 부자들만 이용할 수 있겠다는 생각이 든다. 한국의 산후조리원은 고급 호텔 같은 시설에 좋은 식사를 제공하고, 경험 있는 간호사분들이 아기를 케어해 준다. 엄마들끼리 인맥도 쌓을 수 있고 몸과 마음이 모두 편하다. 능력만 되면 좀 더 있고 싶다는 생각이 든다. 이런 서비스는 영국에서는 과장이 아니라 정말 상상하기 어렵다. 아이를 낳고 이렇게 편하게 2주를 보낼 수 있는 나라는 한국밖에 없을 것 같다. 비싼 게 흠이긴 하지만 말이다.

반면 영국에서의 출산 과정은 한국 기준으로 보면 서비스 수준이 떨어진다. 영국에서는 병원이 무료인 대신 의사를 보기 쉽지 않다. 병원에 가면 엄청 오래 기다려야 한다. 한국에서는 다달이 받았던 초음파 스캔 같은 것도 두 번 받고 끝이었다. 건물도 오래돼서 춥다. 대신 의사를 보는 시간은 길다. 개인 주치의 느낌으로 이런저런 조언을 많이 해 준다. 운동 방법이나 민간 요법 같은 것들을 알려 준다. 그 민간 요법이라는 것이 "속이 쓰리면 허니 레몬을 마셔라" 같은 내용이라 아내는 걱정을 많이 했다. 한국에 비하면 거의 50년은 뒤떨어져 보이는 수준이라 안심이 안 됐다. 영국 의사들은 지금도 진료를 볼 때 청진기를 많이 쓴다. 최신 의료 기계로 진료하는 한국과는 하늘과 땅 차이다.

병원에서 아이를 낳는 과정도 너무 다르다. 아내가 진통이 와서 병원에 갔는데 당장 아이가 나올 것 같지 않으니 집으로 가라고 했다. 그래서 다시 집에 왔다가 4시간 후 진통이 와서 다시 병원에 갔다. 한국이라면 있을 수 없는 일이지만 국가 재정으로 운영되는 병원이다 보니 병원에 오래 있으면 안 된다는 인식이 있어서 그렇다.

한국에서는 아이가 나오면 바로 탯줄 자르고 아빠가 잠깐 품에 안게 해 줬다가 바로 인큐베이터로 데려간다. 영국

맨체스터 왕립 병원. 영국의 산부인과에서는 의사를 보기가 쉽지 않다.
ⓒGetty Images

에서는 아빠도 웃옷을 벗고 30분 정도 스킨십을 하라고 한다. 아빠도 스킨십을 하는 게 중요하기 때문이라고 한다. 아기는 부모가 계속 데리고 있는다.

한국 병원에서는 아이를 낳으면 산모에게 미역국이 포함된 영양가가 있는 식사도 챙겨 주면서 사흘 정도 입원해서 상태를 보는데, 영국 병원은 버터를 바른 토스트 하나에 차 한 잔 주고 끝이다. 아이를 낳고 4시간이면 병원에서 나가야 한다. 샤워도 그냥 하라고 한다. 한국에서는 산모가 샤워를 하거나 바람을 맞으면 안 된다고 하지만, 영국은 그런 개념이 없다. 둘째를 낳고 찬 바람을 맞으며 병원 주차장으로 가는데 아내는 돌봄을 전혀 받지 못하는 느낌이 들었다고 한다.

이런 경험들을 해 보니 첫째를 영국에서 낳았으면 나나 아내나 매우 당황했겠다는 생각이 들었다. 처음부터 끝까지 돌봐주는 한국에 비해 영국은 그냥 방치하는 느낌이라 경험이 없는 입장에서는 너무 불안했을 것 같다. 병원에서는 퇴원하기 전에 필요한 물품 리스트를 알려주고 끝이다. 나머지는 알아서 해야 하는데 첫째를 키운 경험이 없었으면 막막했을 것 같기도 하다.

영국에서는 산후조리원이 없는 대신 방문 간호사가 집

영국에서는 아이를 출산하면 간호사가 집을 방문해 엄마의 심리 상태나 아기가
학대당하는지 등을 확인한다. ⓒGetty Images

으로 온다. 주당 2~3회씩 한 달 정도 방문하면서 집안 환경과 엄마와 아기 상태를 보고 아기가 학대당하지는 않는지도 확인한다. 모유 수유법을 알려준다든지 엄마의 심리 상태도 체크한다. 그러면서 아기를 돌보는 데 필요한 정보들을 가르쳐 주고 습득시킨다. 방문 간호사가 알려 주는 지식은 꽤 유용하고 쓸모가 있지만 한국에서 받는 서비스와는 차이가 있긴 하다. 하지만 결국 아이는 부모가 키워야 하니 배우고 익혀야 할 것들이다.

05

영국 부모는 아이의 '조언자'

한국과 영국의 출산율 차이를 가르는 가장 큰 차이는 돈과 환경인 것 같다. 한국에서는 아이를 낳기 전부터 돈에 치인다. 출산을 위한 용품을 살 때부터 부담이다. 한국에서 파는 제품들은 질이 좋지만 가격도 세다. 스토케(stokke) 같은 유모차 브랜드는 한국에서 처음 들어봤다. 영국에서는 그냥 엄마 아빠가 썼던 유모차를 물려받고, 바퀴 네 개가 달려 있으면 되는 물건인데, 한국에서 살나 보니 나도 한국 기준에 맞추게 된다. 유모차뿐 아니라 다른 용품들도 최고급을 지향한다. 영국 친구들은 물려받거나 소박한 물건들을 쓰는데, 비교를 하다 보니 씀씀이가 커진다.

아이를 낳으면 차도 바꿔야 한다. 유아 용품이 워낙 종류도 많고 다양한데다 싣고 다니려면 차도 커야 한다. 육아를 편하게 하려면 SUV 같은 큰 차를 끌고 다녀야 한다는 게 기본이 되어 버렸다. 왜인지 국산 차보다도 외제 차를 더 선호하는 것도 신기하다. 싸고 유지비도 저렴한 국산 차 대신에 비싸고 수리비도 비싼 외제 차가 왜 더 인기인지 모르겠다. 나도 한국산 중소형 차가 딱 맞는데 눈치를 보느라 더 큰 차를 타고 있지만, 영국이었다면 친구들처럼 소형 해치백을 끌고 다녔을 것이다.

이유식도 좋은 걸 먹여야 하고, 심지어 젖병 소독기도 있다. 영국 친구들이 내가 한국에서 육아하는 걸 봤다면 절대 좋은 소리는 하지 않았을 것이다. 남들이 다 갖추고 산다는 물품들을 갖추려면 천 만 원 정도 지출되는 건 우습다.

영국에서는 돈 때문에 출산과 육아를 고민하는 경우는 거의 없다. 최근에는 젊은 층 사이에서 돈 문제로 고민하는 경우도 있다고 하는데, 아이를 키우기 힘들어서라기보다는 애를 낳지 않으면 자신을 위해 더 소비할 수 있다는 경제적 관점에서의 선택이다. 적어도 우리 세대에서는 해 본 적이 없는 생각이다.

저소득층이라고 해도 경제적인 이유로 애를 안 낳을 이유가 없다. 아이를 낳으면 복지 혜택이 커진다. 결혼하지 않은 커플에게도 공공 임대 주택을 제공한다. 물론 공공 임대 주택의 주거 환경이 좋지는 않다. 범죄 위험이 큰 곳이 많아서 좀 꺼려지긴 한다. 그래도 돈 때문에 아이를 낳기 부담스럽다는 생각은 들지 않는다. 앞서 언급한 것처럼 병원비가 문제되는 것도 아니다. 아이를 낳으면 먹고 입힐 것만 약간 부담하면 된다. 아이들 장난감도 문제 없다. 동네마다 플레이그룹이라는 커뮤니티가 있는데 교회나 커뮤니티 센터에 있다. 아이가 유치원에 가기 전에 이런 곳에 데려가면 된다. 보통 옛날 건물에 위치해 있어서 시설이 좋은 편은 아니지만 이런 곳에서 아이들을 놀게 하고 장난감 나눔도 한다. 아이들이 2시간 정도 놀면 부모들이 뒷정리도 같이 하는 공동 육아 개념의 커뮤니티다. 아이들이 다쳐도 누구를 탓하지 않고 아이들이니 그러려니 하고 넘어간다.

이곳의 장난감들은 10~20년 된 것들도 많다. 아이들이 놀면서 이런 장난감을 입에 넣고 해도 아무도 신경 쓰지 않는다. 영국에서는 이러면서 아이들이 면역력을 키운다고 생각한다. 아이가 감기 좀 들었다고 하루 종일 간병하거나 하지 않는다.

나도 영국에서 아이를 키워 본 적이 없고 한국에 익숙해 있다 보니 이런 건 좀 구식이 아닐까 싶었고, 아내도 좀 꺼

스트라우드 부시지의 플레이그룹. ⓒBussage Village Hall

려했는데 익숙해지니 마음도 편하고 좋다고 했다. 하루 종일 신경이 곤두서 있는 상태로 아이를 지켜보는 건 피곤한 일이다.

한국에 비해 가장 좋은 것은 역시 집과 환경이다. 한국에서는 주변에 녹지가 거의 없고 주거 환경이 아파트 기준이다. 아이들이 밖에서 뛰놀 곳이 부족하고 아파트에서는 아이들을 키우기가 부담스럽다. 아파트는 강아지를 키우는 것도 주변 눈치를 봐야 한다. 강아지 키우기도 쉽지 않은데 아이들은 어떻게 키우나 하는 생각이 든다. 심지어 어린이집도 아파트에 있다. 집과 똑같은 환경에 아이들을 맡겨야 한다. 영국 유치원은 아이들을 밖에서 놀게 하고 숲 체험 같은 야외 활동을 많이 시킨다. 그런데 한국은 실내에서 아이들을 '관리'하니 보는 나도 숨이 막힌다. 아파트에서 아이들을 키우다 보면 아이들에게 죄를 짓는 기분이 든다. 영국은 어른 입장에서 인프라가 부족한 부분도 있을지 모르지만 아이들을 위한 환경은 한국보다 낫다.

육아의 목표도 극과 극이라고 할 정도로 다르다. 영국에서는 빨리 독립할 수 있게끔 적응시키려고 한다면 한국에서는 아이가 고생하지 않도록 소중하게 모신다. 아이들이 열 살이 넘도록 부모와 함께 자는 것도 흔한데 영국에서는

지극히 사적인 영국

한 살이면 요람에서 따로 재운다. 지금도 아이가 무섭다고 같이 자자고 하는데, 단호하게 그러면 안 된다고 하고 싶지만 쉽지 않다. 어릴 때부터 습관을 들였어야 하는데 아쉽다. 이런 걸 영국에 있는 아이들 삼촌이 알면 놀림감이 될 거다. 물론 나도 마찬가지다.

아이는 알아서 크는 거라고 생각한다. 부모의 역할은 아이가 매너를 가질 수 있도록 교육하는 데서 끝난다. 그래야 아이가 자기 인생을 살 수 있다고 믿는다. 이를테면 영국 부모는 조언자이고 한국 부모는 설계자라고 할까. 한국 부모들은 아이들의 교육과 진로를 끝까지 책임져야 한다고 생각한다.

자기 인생도 있는데 자식 인생까지 책임지려고 하니 정신적으로도 물질적으로도 지치게 된다. 소모하는 에너지가 어마어마하다. 거의 매주 아이들을 데리고 어딘가로 가서 활동을 하는데 이것도 한두 번이지 어떻게 그렇게 자주 하는지 모르겠다. 한국 부모들이 한 달 동안 아이들을 데리고 하는 활동은 영국 부모들의 1년치 활동과 맞먹는다. 영국에서는 그냥 동네 공원, 집 뒷마당에서 소박하고 느긋하게 자연과 함께하는 경우가 훨씬 많다.

이런 것들은 결국 사회에 대한 신뢰와 기대에 대한 문제

방과 후 음악 클럽을 하던 당시의 나. 두 번째 줄 오른쪽에서 세 번째.
ⓒPeter Bint

인 것 같다. 영국은 학교나 커뮤니티 활동에 대한 신뢰가 높다. 그렇지만 이런 곳을 통해서 무엇인가 아이의 인생이 바뀔 수도 있다는 기대감은 별로 없다. 아이들은 학교에서 교육을 받고 사회의 구성원이 되기 위한 인품을 체화한다. 학교 밖에서는 방과 후에 스포츠 클럽이나 음악 클럽 같은 곳에서 취미 생활을 한다. 어느 곳이든 돈이 많이 들지 않는다.

반면에 한국 부모들은 학교 교육을 믿지 않는다. 학원을 통해서 성적을 끌어올리고 더 좋은 대학을 목표로 아이를 통제한다. 아이들의 의사보다는 부모의 의사가 더 중요한 것 같다. 영국 부모는 아이들에게 다 해주면 아이가 망가진다고 생각하는데, 한국 부모는 안 해주면 아이가 망가지거나 중요한 기회를 놓칠 수 있다고 본다.

아이를 위해서 어느 편이 더 좋은지는 모르겠다. 이렇게 했기 때문에 한국에서 뛰어난 인재들이 계속 나오는 것일지도 모른다. 그러나 부모를 위해서는 좋지 않다. 그렇기 때문에 아이를 낳기가 무서워진다. 나도 한국에서 아이를 낳고 키우고 있지만 한국식 육아를 따라가기가 버겁다. 영국식으로 자랐기 때문에 속으로는 항상 비교하게 되어서 더 힘든 것 같기도 하다. 하지만 어찌 됐든 부모의 인생도 소중

하다. 부모의 희생이 전제되는 방식으로는 한국에서 애를 낳고 키우라는 말을 함부로 하기 어렵다.

PART VII.

영국인들의 일상과 문화

01.

런던과 런던 밖의 잉글랜드

런던을 비롯한 영국의 도시들을 들여다보면, 한국과는 다른 점이 많다는 사실을 새삼 느끼게 된다. 한국은 하나의 민족과 문화로 비교적 균질하게 구성되어 있다. 지방마다 고유한 특색은 있더라도 큰 이질감은 없다. 반면 영국은 잉글랜드, 스코틀랜드, 웨일스, 북아일랜드라는 네 개의 컨트리 간의 차이뿐 아니라, 도시 간에도 눈에 띄는 이질감이 존재한다. 심지어 런던 내부에서도 지역마다 분위기와 문화가 달라, 마치 전혀 다른 도시처럼 느껴질 때도 있다.

런던은 크게 동서남북과 중앙, 다섯 개 지역으로 나뉜다. 행정 구역은 아니지만 지역의 특색에 따라 구분된다. 서울은 부동산 가격에 따라 지역이 구분되는 경향이 강하지만, 런던

은 거주자와 시설 등의 특성으로 각 지역의 이미지를 인식한다.

중앙(Central)은 외국인이 상상하는 '런던'에 가장 가까운 곳이다. 시티 오브 런던(City of London)이라는 금융 중심지가 있고, 국회의사당이 있는 웨스트민스터(Westminster), 소호(Soho), 피카딜리(Piccadilly), 런던 탑 등 정치·경제·문화·관광 시설이 밀집해 있다. 과거부터 지금까지 '진짜 런던'이라고 하면 이 센트럴 런던을 가리킨다.

북런던의 바넷(Barnet)은 내가 자란 곳이다. 북런던은 교육 수준이 높고 부유한 동네들이 어느 정도 있는 곳이다. 대체로 괜찮은 학교도 많고, 살기 좋은 곳으로 평가받는다. 한 가지 흠이라면 해링게이(haringey)에 토트넘 구장이 있다는 점이다. 아스널 홈구장은 센트럴로 분류되는 이즐링턴(Islington)에 있다. 두 팀 간의 경기가 북런던 더비로 불리는 이유는 두 팀의 홈 구장이 가까이에 있고 둘 다 상대적으로 런던 북부에 있기 때문이다.

남런던은 이민자가 많은 서민 지역이라는 인식이 있다. 서런던은 첼시처럼 부유한 동네가 많고, 동런던은 과거 이민자들이 템스강을 따라 정착하고 부두 노동자들이 살던 지역으로, 분위기가 다소 거칠었다. 하지만 최근에는 재개발로 인해 힙한 동네로 변모하고 있다. 한국으로 비유하면 성수동 같은 동네가 됐다고 해야 할까.

사실 런던에 산다고 해도 런던 전체를 잘 아는 사람은 드물다. 다른 동네에 갈 일이 별로 없기 때문이다. 런던의 축구 팀끼리 경기를 해도 원정 경기장까지 가는 건 부담스러운 일이다. 이런 동네 간의 차이는 서울의 청담동과 신림동의 차이와는 비교할 수 없다. 같은 도시라고 보기 어려울 정도다. 서울은 어느 동네든 아파트가 있고, 생활 양식도 대체로 비슷한 편이다. 반면 런던은 지역에 따라 생활 수준이나 분위기, 문화가 많이 다르다.

서울 사람들은 서울에 대해 자부심을 느끼는 것 같은데, 런던 사람도 마찬가지다. 다만 그 표현 방식이 더 노골적이다. 런던 사람들은 대체로 잘살고, 잘 배우고, 약간 거만하다는 인식이 있다. 즉, 런던 밖 사람들을 좀 얕잡아 본다는 얘기다. 타지 사람과 친하게 지내도 술자리에서 "너네는 물은 나오냐? 전기는 들어오고?" 같은 농담으로 놀린다. 맨체스터나 버밍엄처럼 큰 도시 출신 친구에게도 그렇게 말한다. 런던 밖은 다 시골로 취급한다. 한국으로 치면 부산에서 온 친구한테 "너네 지하철은 있냐?" 하고 묻는 식이다.

한국이라면 싸움이 날지도 모르겠지만 영국인들은 이런 걸로 얼굴을 붉히면 안 된다. 지방 사람들은 런던 사람을 포쉬(posh)나 토프(toff)라고 받아친다. 원래는 상류층을 조롱하는 말로, "너는 진짜 상류층도 아니면서 뭘 그리 잘난 체하냐?"는 뜻이다. 이런 걸 보면 영국인늘이 모두 동의할 수 있는 단 하나의 정체성은 '비꼬기'가 아닐까 싶기도 하다.

런던에 살면 맨체스터, 리버풀, 뉴캐슬 사람보다 이민자를 더 자주 만나게 된다. 영어가 모국어가 아닌 이들이 많다 보니, 소통이 쉽지 않은 경우도 있다. 나도 대학교에 가

지극히 사적인 영국

서야 다른 지역 사람들과 제대로 교류하게 됐는데, 생각보다 의사소통이 쉽지 않았다. 대부분 런던 사람들은 북부 지역에 처음 가면 당황하게 된다. 한국인들은 리버풀이나 뉴캐슬에 가면 말을 못 알아듣겠다고 하는데, 우리도 마찬가지다. 잉글랜드 북쪽 끝의 뉴캐슬 정도 되면 같은 잉글랜드 사람이라는 동질감은 좀 떨어진다. 거의 스코틀랜드 사람 취급하면서 놀린다.

런던 사람들은 해리 포터 스튜디오로 가기 위해 들르게 되는 왓퍼드 정션(Watford Junction)역부터를 '북부'라고 여긴다. 이보다 북쪽은 모두 북부라는 인식이다. 하지만 지리적으로는 더 위쪽에 있는 M1 고속도로의 왓퍼드 갭(Watford Gap) 휴게소를 전통적인 남북 경계선으로 본다. "왓퍼드 갭만 넘으면 억양이 세지고 맥주값이 싸진다"는 말이 있을 정도다. 여기서 혼란이 생기는데, '왓퍼드'라는 이름 때문이다. 남북을 가르는 기준으로 여기저기에 '왓퍼드'가 들어간 지명이 등장하는데, 진짜 '왓퍼드' 마을은 왓퍼드 갭보다 훨씬 남쪽에 있는 허트퍼드셔(Hertfordshire)주에 있다. 런던 바로 북쪽에 있어서, 일부 남부 사람들은 이 마을이 진짜 남북의 경계라고 주장한다.

개인적으로 영국인들은 한국인보다 다른 지역이나 도시

런던 사람 입장에서 뉴캐슬은 잉글랜드보다는 스코틀랜드에 가깝다.
ⓒGetty Images

에 대한 관심이 낮은 편이라고 생각한다. 한국인처럼 1박 2일로 국내 여행을 많이 다니지도 않고, 가더라도 대부분 당일치기다. 게다가 여행지에서 뭘 먹겠다는 생각도 없다. 그냥 샌드위치나 간단한 음식을 싸서 간다. 아니면 해변가의 값싼 카페나 피시앤칩스 집에서 간단히 때운다. 지역 음식을 꼭 먹어야 한다는 개념은 한국 와서 처음 접했다.

영국인, 특히 나처럼 40대 남자라면 영국의 도시를 축구로 배운다. 각 도시의 축구 팀을 알게 되면서 도시 이름을 익힌다. 물론 좋은 의도로 배우는 건 아니다. 상대 팀을 놀려먹을 때 쓰기 위해서다. 한국처럼 '전주는 맛의 도시', '경주는 천년 고도' 같은 지역 특성은 별로 없다. 대부분의 명소와 맛집은 런던에 집중되어 있어서 굳이 다른 도시를 신경 쓸 필요도 없다. 그래도 막상 가 보면 괜찮은 도시들이 많다. 리버풀로 대학 진학을 한 친구가 있어 놀러 갔는데, 아름다운 건물도 많고, 볼거리도 많은 좋은 도시였다. 다만 억양이 너무 달라서 적응이 쉽지 않았다.

영국으로 놀러 올 계획이 있다면 영국의 도시(city)와 타운에 대한 차이를 알아두면 유용할 것이다. 2022년 기준으로 잉글랜드에는 55개의 도시가 있다. 그 외에 스코틀랜드에는 8개, 웨일스에는 7개, 북아일랜드는 6개다.

세익스피어 타운으로 알려진 스트랫퍼드어폰에이번의 쉽스트리트.
ⒸGetty Images

한국에서는 일정 인구수가 넘으면 도시가 되는데, 영국
은 조금 다르다. 영국에서 도시(city)는 하나의 지위(status)다.
왕실이 지위를 부여해야 '시티'가 된다. 도시의 인구나 규모
와는 무관하다. 역사적인 상징성이나 문화, 행정 등의 중심

　　　　　　　　　　지극히 사적인 영국

지, 왕실과의 연관성 등에 따라 지위를 부여받는다. 잉글랜드 서쪽의 웰스(Wells)는 인구가 1만 명 남짓이지만 웰스 대성당이 있어서 도시 지위를 부여받았다.

2022년에는 여왕 즉위 70주년 기념으로 버밍엄셔주의 밀턴 킨스(Milton Keynes)가 시티로 승격됐다. 1960년대부터 만들어진 계획 도시로, 한국의 세종시와 비슷한 개념의 도시다. 직선 도로가 바둑판으로 깔려 있고 정비가 잘되어 있어서 미국 같이 이국적인 느낌을 준다. 한마디로 영국인에게는 어색하다는 말이다.

영국인에게 관광지 같은 느낌을 주는 곳은 타운(town)이다. 도시는 보통 인구는 많지만 특색은 별로 없는 경우가 많은 반면, 타운은 아기자기하고 역사적인 흔적과 전통이 많이 남아 있는 느낌이다. 원저성이 있는 원저 타운이 대표적인 예다. 로빈 후드로 유명한 노팅엄 타운도 있다. 셰익스피어 타운으로 알려진 스트랫퍼드어폰에이번(Stratford-upon-Avon)도 대표적인 관광지다. '진짜 옛날 영국'을 느낄 수 있는 관광지는 대부분 타운이다. 음식만 기대하지 않는다면, 하루 정도 다녀오기 괜찮은 곳들이 많다.

02.

영국인들은 휴가도 보수적으로 즐긴다

한국의 단점이라면 휴가 기간을 들 수 있다. 영국과 비교했을 때 한국의 휴가 기간은 너무 짧다. 한국의 휴가는 한국인들처럼 빨리 계획해서 눈깜짝할 사이에 지나가 버린다. 영국을 비롯한 유럽 사람들이 한국살이를 팍팍하게 느끼는 이유 중 하나다.

영국의 여름 휴가 기간은 서머 홀리데이즈(summer holidays)로 불린다. 잉글랜드의 경우, 7월 말부터 9월 초까지 6주간이다. 학생들의 방학이 바로 이때다. 부모들도 보통 이 기간에 맞춰 휴가를 낸다. 성인이 된 이후에도 자연스럽게 이 시기에 휴가를 잡는다. 직장인들은 1~2주 정도의 연차를 내서 휴가를 다녀온다.

영국인의 휴가 스타일은 여러모로 한국인과는 확연히 다르다. 한국인들은 새로운 경험을 압축적으로 즐기려는 경향이 강한 반면, 영국인들은 익숙함을 추구한다. 매년 같은 장소로 가고, 특별한 도전을 시도하지 않는다. 휴가에서도 한국인과 영국인의 특징이 고스란히 반영되는 것이다.

영국 내에서 휴가를 보낸다면 대부분 시사이드 타운(seaside town)으로 향한다. 이곳은 작고 소박한 해변 도시로, 홀리데이 홈(holiday home)을 임대해 매년 같은 집에서 가족들과 함께 휴가를 보내는 경우도 많다. 임대가 어렵다면 홀리데이 렌트(holiday rental)를 통해 숙소를 마련한다. 이동을 최소화하고 한 장소에 머물며 휴식을 취하는 것이 일반적이다. 나 역시 최근 몇 년간 한국에서도 비슷한 형태의 휴가를 보내고 있다. 그리 알려지지 않아 조용하고, 수심이 얕아서 아이들이 좀 더 안심하고 놀 수 있는 해변이다.

영국에는 경주처럼 '역사적인 테마로 유명한 곳'은 없다. 개발을 위해 옛 건물이나 유적을 갈아엎는 경우가 별로 없어서 그렇다. 100~200년 정도 된 모습은 그대로 유지하고 있는 경우도 많아서 굳이 역사 테마를 따라 여행을 간다는 개념을 가지기는 어렵다. 그렇다고 해서 음식이나 다른 특징을 가진 도시가 있는 것도 아니다. 다른 도시로 휴가나 여행을 갈 때는 해안가를 찾을 뿐이다.

영국인들은 휴가지에서도 음식을 신경 쓰지 않는다. 지역에 유명한 음식이 있어도 굳이 찾아가서 먹지 않는다. 잉글랜드 서쪽 끝에 있는 콘월(Cornwall) 지역은 콘리시 패스터 (cornish pasty, 손에 들고 먹을 수 있는 파이 같은 요리)로 유명하지만, 콘월에 가더라도 음식을 찾아 먹지는 않는다. 영국인들이 식당을 찾는 기준은 예쁘지만 줄이 없는 음식점이다. 구글 맵이나 맛집 리뷰를 활용하는 문화는 아직 일반적이지 않다.

영국의 휴양지는 평소보다 붐비지만 한국의 피서지처럼 인산인해를 이루는 경우는 없다. 런던 인구는 1,000만 명 이하로, 서울과 경기도에 비해 적기도 하고, 사람들의 목적지도 다 달라서 많이 분산된다. 사람들이 좀 많다 싶을 때는 서머 홀리데이즈 기간에 뱅크 홀리데이(bank holiday)가 겹칠 때다. 뱅크 홀리데이는 은행이나 기업이 쉬는 공휴일이다. 보통 금요일이나 월요일에 있어서 주말을 포함하면 길게 쉴 수 있다. 이럴 때는 사람들이 시사이드 타운으로 몰린다. 주말에 비가 와도 거의 무조건 해변으로 간다고 보면 된다.

시사이드 타운에 볼거리는 그리 많지 않다. 주된 놀이터는 부두(pier)다. 영국의 부두는 육지에서 바다로 뻗어 있는

　　　　　　　　　　　지극히 사적인 영국

잔교(棧橋) 형태의 다리인데, 이곳에는 오락실이나 놀이기구, 극장, 전망대 같은 시설이 있다.

이곳을 산책하거나 오락실에서 놀고 피시앤칩스를 먹기도 한다. 오락실은 클래식한 아케이드 게임기가 대부분이다. 대표적인 것이 '2p Coin Pusher'다. 2펜스 동전을 넣으면 게임기 안쪽에 쌓여 있는 동전 무더기를 푸셔로 불리는 판이 밀어 주는데, 운이 좋으면 동전이나 경품 장난감 같은 것을 딸 수 있다.

수영을 하는 사람은 많지 않다. 물이 차가운 편이라 해수욕을 하기는 좀 부담스럽다. 양말을 벗고 발만 담그는 정도다. 이렇게 놀고 태닝(tanning)을 해서 얼굴이 좀 빨개지고 피부가 살짝 벗겨지면 여름 휴가를 다녀왔구나 한다. 영국의 시사이드 타운은 사실 노동자 계층이 많이 찾는 휴가지다. 시설도 낡고 오래된 곳이 많다. 그러나 일상을 벗어나서 조용하고 소박한 휴가를 즐길 수 있다. 좋게 말하면 옛날의 향수를 느낄 수 있는 곳이다.

한국인과 영국인이 휴가를 즐기는 가장 큰 차이점은 여유인 것 같다. 한국인들은 시간과 돈을 투자한 만큼 제대로 된 서비스나 가치를 얻어야 한다고 생각한다. 그래서 휴가지에서도 예민하다. 영국인들은 휴가지에 가면 더 너그러

브라이턴 팰리스 부두. ⓒWikipedia

2p Coin Pusher. ⓒGetty Images

워진다. 특히 가족들과 함께 갔을 때는 더 그렇다. 영국 휴양지의 리조트 같은 곳에서는 동네 아저씨 같은 분이 와서 공연을 하기도 한다. 실수도 잦지만 다들 웃어 넘긴다. 한국이라면 항의할 만한 일이지만 서머 홀리데이즈니까 괜찮다는 분위기가 있다. 영국의 날씨만 참아 낼 수 있다면 영국의 휴양지에 가서 유유자적한 분위기를 느껴 보는 것도 나쁘지 않을 것이다.

여유가 좀 있는 중산층 이상인 사람들은 대체로 해외로 휴가를 간다. 차를 가져간다면 프랑스 남부다. 프랑스 북부의 날씨는 영국과 다를 게 없으니 넘어가고, 페리에 차를 싣고 영불 해협을 건너 프랑스 남쪽까지 20시간 정도 차를 몰고 간다.

그 외에는 스페인이나 그리스가 인기다. 저가 항공 노선이 있어서 가기에 좋다. 특히 스페인 말라가의 코스타 델 솔(Costa del Sol)을 비롯해 그리스의 코르푸(Corfu) 같은 지역은 영국인 관광객이 몰리는 곳으로 유명하다.

영국인이 많이 가는 관광지의 특징은 '날씨 좋은 영국'과 마찬가지인 곳이라는 점이다. 이곳에서는 외국어를 할 필요가 없고, 현지인들도 거의 보이지 않는다. 음식도 영국 음식이 나온다. 내가 갔던 휴양지에서는 현지 음식을 먹어 본

여름 휴가 기간에 그리스 코르푸 섬에 있는 카보스(Kavos)에 가면 영국에서 온 젊은 욕망들을 셀 수 없이 만날 수 있다. ⓒParty Hard Travel

기억이 없다. 영국인들이 새로운 음식에 도전하는 것을 꺼리다 보니 아예 영국인들에게 익숙한 음식만 내주는 것이다. 휴가 기간 동안에는 영국인들의 점령지처럼 바뀐다.

영국인들이 몰리는 해외 관광지에서는 영국인들의 일탈이 문제가 되기도 한다. 술을 마시고 행패를 부리는 사람들도 있다. 그렇다고 훌리건 정도는 아니지만 외국인이 보면 훌리건을 연상할 만한 행동들을 하는 경우가 있다. 관광지에서는 돈을 벌어야 하니 영국인들의 비위를 다 맞춰 주고 크게 문제 삼지 않는 분위기다. 소중한 여름 휴가 기간에 하고 싶은 것을 모두 하겠다는 마음이 이런 일탈을 부추기는 것 같다. 여름 휴가 때 해외에 가게 되면, 공항에서부터 이미 나는 내가 아닌 것 같은 기분이다. 1년 내내 여름 휴가만 보고 살아 왔으니 마음대로 하고 싶다는 욕망이 폭발하는 것 같다. 젊은 세대일수록 이런 경향이 심하고, 나이가 들면 좀 덜하지만 어쨌든 휴양지에서 영국인들의 일탈은 유명하다.

중산층에서도 상류층에 가까운 사람들은 일반적인 한국 사람들과 유사한 방식으로 휴가를 즐긴다. 여행을 미리 계획하고, 역사나 문화를 공부하며, 새로운 경험을 추구한다. 물론 경제적 여유가 다르기 때문에 훨씬 고급스럽고 여유로운 여행을 즐길 수 있지만 추구하는 방향성은 크게 다르지 않았다. 예전에 나보다 훨씬 잘사는 친구 집안과 함께 여행을 한 적이 있었는데, 일반적인 영국인들과는 전혀 달랐다. 문화 체험을 중시하고, 역사적인 장소를 찾아다녔는데, 한국인들이 여행을 할 때 경험하는 콘텐츠와 비슷했다. 그 친구는 저택을 빌려서 여행을 다닐 수 있었다는 게 다른 점이었다.

03.

마을의 사랑방, 펍(pub)

한국에 영국 축구가 알려지면서 덩달아 펍(pub)도 같이 알려졌다. 맥주 한잔하면서 축구를 보는 곳 정도의 이미지가 만들어진 것 같다. 그러나 영국인에게 펍은 단순한 술집이 아니다. 일상의 한 부분을 공유하는 커뮤니티라고 할까? 예전에는 시골 마을이나 동네에서 사람들이 모이는 공간이 교회였다면, 최근에는 그 역할을 펍이 맡고 있다. 옛날 교회만큼은 아니지만 커뮤니티로서의 역할을 한다. 축구 경기도 보지만 생일 파티나 가족 행사, 장례식 뒤 가족 모임 같은 것도 펍을 중심으로 열린다. 마을의 사랑방이 펍인 것이다.

이렇게 커뮤니티의 역할을 하는 펍들은 주로 시골이나

도시 외곽에서 볼 수 있다. 아무래도 지역 주민들과 단골들이 찾는 곳이다 보니 소박한 느낌이다. 이런 곳들은 나름의 특색을 갖추고 있는 곳들이 많다. 대표적인 게 퀴즈 나이트 (Quiz night)다. 주중 저녁 시간에 동네 사람들이 모여 팀을 짜서 퀴즈를 푸는 이벤트다. 상식·시사 관련 문제나 동네의 역사와 관련된 문제들이 나온다. 안면이 있는 사람들끼리 모여 한잔하면서 진행되기 때문에 꽤 훈훈한 분위기다.

이런 로컬 펍에서는 요일별로 특정 음식을 내놓기도 한다. 목요일에는 커리, 금요일에는 피시앤칩스, 일요일에는 선데이 로스트 같은 것들이다. 이런 음식을 먹으러 펍에 가는 경우도 있다.

영국에는 한국 같은 회식 문화는 없다. 도시라면 직장 동료들끼리 일을 마치고 간단하게 한잔하는 경우가 있지만, 전통적인 펍은 동네 친구들의 모임 장소, 일종의 아지트 같은 역할을 한다. 아버지들은 매주 같은 요일에 같은 펍에서 친구들과 만나는 게 낙이었다. 어르신들 중에는 60년간 이렇게 펍에 들른다는 분들도 있다.

펍에서 축구를 보는 문화는 일부 로컬 펍의 이야기다. 구단의 팬들이 자주 모이는 곳이 생기면 클럽 팬들의 단골 펍이 된다. 특정 팀 팬만 받거나 중립적인 분위기의 펍도 있

영국 남부 룰워스(Lulworth)의 펍. 시골 지역의 소박하고 예쁜 펍의 느낌이 난다.
©Getty Images

다. 도시에는 원정 팬들이 경기 전에 모이는 곳도 있다.

이곳에서 주말에 경기를 보며 맥주를 마시는 문화가 일반적이라고 생각할 수 있는데, 경기를 즐긴다는 측면으로 보면 꼭 그렇지는 않다. 영국에는 '3pm blackout'이라는 규정이 있다. 프리미어 리그를 비롯해서 4부 리그까지, 프로 리그로 규정된 리그의 토요일 오후 3시 경기 중계를 금지하는 제도다. 그 시간대의 경기가 메인 이벤트인데 중계를 해 주면 팬들이 경기를 보러 오지 않기 때문이다. 한국에서는 한 달에 1만 원 정도만 내고, 새벽에 깨어만 있으면 못 보는 경기가 없는데, 영국에서는 경기장에 가지 않으면 토요일 오후 3시 경기를 볼 수 없다. VPN이나 불법적인 경로로 볼 수는 있지만, 펍에서 이런 짓을 하다 적발되면 몇 천 파운드의 벌금을 맞을 수도 있다. 그래서 영국인들은 경기 하이라이트를 보여 주는 BBC의 〈매치 오브 더 데이〉로 만족해야 한다. 영국 축구를 가장 보기 힘든 나라는 영국이다.

펍은 자주 가지만 취하러 가지는 않는다. 그래두 가면 맥주를 마신다. 맥주는 라거나 에일 위주인데, 라거 생맥주는 한국과 마찬가지로 케그(keg) 관리가 중요하다. 에일 맥주는 전통적인 술이라는 이미지가 있다. 에일은 캐스크(cask) 통에서 완전 수동 펌프로 따라 줘야 한다. 탄산이 들어가지

런던의 어느 펍. 영국에서는 맥주를 미지근하게 마신다. ⓒGetty Images

않고, 서빙하는 온도도 11~13도 정도로 미지근하며, 라거보다 헤비한 술이다. 내가 어렸을 때는 에일을 마시면 아저씨라고 놀림을 받았다. 보통 나이가 좀 있는 어르신들이 에일이나 국산 위스키를 많이 마셨는데 그래서인지 이런 술들은 올드한 느낌이었다.

한국에서는 라거든 에일이든 무조건 차갑게 마시는데 영국에서는 한국보다는 훨씬 따뜻하게 마신다. 라거도 한국보다는 4~5도 정도 높은 온도로 마신다. 개인적으로는 한국 맥주가 도수도 낮고 시원해서 취향에 맞았다. 예전에는 영국 친구들이 한국 맥주는 시원한 오줌 같았다고 했는데 요즘에는 많이 나아졌다고 한다.

영국인들은 맥주를 좋아하고 많이 마시는데 정작 국산보다는 외국산 라거를 더 선호한다. 요즘에는 로컬 맥주가 좀 트렌디하다는 인식이 퍼지면서 조금씩 인기를 얻고 있지만 기본은 외국산이다. 크롬바커, 칼스버그, 스텔라 아르투아 같은 맥주들이 전통적으로 인기를 얻고 있다. 하이네켄도 챔피언스 리그 광고 때문에 많이 마신다. 신기하게도 영국에서는 외국을 무시하는 분위기가 있는데, 맥주는 또 외국산이 쿨하다는 이미지가 있었다. 그렇다고 국산 맥주를 안 마시는 건 아니다. 런던 같은 경우는 '런던 프라이드'를 많이 마신다.

펍은 체인점도 있고 개인이 운영하는 곳도 있다. 보통 특색이 있는 곳은 체인점보다는 개인이 운영하는 펍이나 로컬 펍이다. 특히 타운이나 빌리지에 간다면 그 마을의 특색과 정취를 같이 느낄 수 있는 곳이 펍이다. 당연하지만 스포츠 펍을 갈 때는 주의해야 한다. 모든 스포츠 펍이 특정 팀을 응원하는 곳은 아니지만, 특정 팀을 응원하는 곳에 가려면 그 팀의 팬들과 함께하겠다는 각오를 해야 한다. 그렇지 않으면 눈총을 받을 수 있다. 이런 곳은 스포츠 팬이 아니라면 굳이 가 볼 필요는 없다.

04

제한이 없는 영국 유머

어릴 때부터 영국과 한국을 경험해 본 입장에서는 인간관계부터 사회 시스템까지 두 나라가 거의 반대편에 있는 것처럼 보인다. 이런 차이점들 중에 유머도 있다. 한국에 정착했을 때는 유머의 결을 맞추기가 어려웠다. 〈개그콘서트〉가 한국 최고의 개그 프로그램이었던 시절에도 웃기가 쉽지 않았다.

한국의 개그 프로그램은 슬랩스틱과 유행어 중심이었다. 영국인의 감성으로 보면 한국의 슬랩스틱은 너무 직설적이고 단순했다. 유행어의 경우, 어른들까지 직장에서 따라하는 걸 보고 놀랐다. 영국에도 유명 개그 프로그램에서 유행어가 나올 때가 있지만 학교에서 애들이나 따라하지 어른들까지 일상에서 사용하는 경우는 드물기 때문이다. 그래도 〈개그콘서트〉는 익숙해지면서 재미를 느낄 수 있었다. 문화는 달라도 웃음 포인트에 점점 공감하기도 하고, 직장에서 유행어를 따라하면 나도 이제 한국에 적응을 많이 했나 보다 하고 뿌듯하기도 했다. 그렇지만 〈개그콘서트〉가 사라지기 전 2~3년 동안은 정말 재미가 없긴 했다.

영국인은 보통 스탠드업 코미디를 좋아하는데, 한국에서는 보기 어려웠다. 요즘에는 넷플릭스에서도 한국의 스탠드업 코미디가 나오는데 조금 부족한 느낌이 든다. 이것은 확실히 문화 차이인 것으로 보인다. 스탠드업 코미디는 전제 조건이 있다. 유머의 대상과 소재에 제한이 없어야 한다. 그러나 한국은 정치적으로 민감한 소재나 사회적 약자를 웃음거리로 만들면 거센 비판을 받는다. 그러다 보니 코미디언은 눈치를 보게 된다.

영국에서는 소재에 제한이 없다. 정치인들은 물론 왕실도 예외가 될 수 없다. 장애인들도 유머의 소재가 된다. 모든 것이 풍자와 조롱의 대상이다. 1984년부터 1996년까지 방영되었던 〈Spitting Image(닮은꼴)〉라는 정치 풍자 인형극이 좋은 예다. 왕실이나 정치인을 본뜬 우스꽝스러운 인형으로 조롱과 풍자, 패러디를 했는데 선이 없는 영국식 유머

2020년 〈스피팅 이미지〉에서 선보인 찰스 3세와 카밀라 왕비 캐릭터. 2020년 〈스피팅 이미지〉는 1984년 동명 시리즈를 리메이크한 작품이다. ⓒBritbox

가 무엇인지 보여 준다.

이런 프로그램을 한국에서 만든다면 곧바로 소송에 걸릴 것이다. 한국은 형법에 명예 훼손이, 심지어 사실 적시 명예 훼손까지 있는 나라다. 사실이든 허위든 명예 훼손으로 처벌을 받을 수 있기 때문에 이런 방송을 만들면 제작진이 곧바로 소송에 휘말릴 것이다. 'sue(소송하다)'는 영국에서 듣기 힘든 말이다. 솔직히 미국 드라마에서나 나오는 일이라고 생각했는데 한국에서도 소송이 많다고 해서 당황스러웠다.

영국에서 유명인, 특히 정치인들은 놀림감이라는 사회적 합의가 있다. 어떤 식으로든 놀리고 조롱해도 상관없다. 물론 가짜 뉴스로 선동하는 건 안 된다. 영국도 민사로는 명예 훼손 소송을 걸 수 있다. 캐머런 총리의 '돼지 게이트' 루머가 나왔던 2015년에도 〈스피팅 이미지〉가 방영되고 있었다면 흥미진진했을 것이다. 그 루머는 근거가 없다고 밝혀지긴 했지만 여러 코미디언들이 캐머런을 풍자했다.

한국에서는 영국처럼 정치인을 비판하거나 풍자하면 지지자들이 비판당한다고 생각하는 것 같다. 그만큼 정치에 관심이 높고 변화에 대한 열망이 커서 그런 것일 수도 있다. 한국이 민주주의 선진국이 된 데에는 이런 태도의 차이도 있는 것 같다. 영국에서 정치인은 정치인일 뿐이다. 게다가 행정부의 책임자인 총리는 국민들이 직접 뽑는 것도 아니다. 그래서인지 몰라도 한국에 비하면 정치인에게 큰 감정 이입을 하지는 않는다. 만약 영국 정치인이 명예 훼손 소송을 건다면 평판이 엄청나게 떨어질 것이다. 영국에서 아무런 제약 없이 정치인 풍자를 할 수 있는 데에는 정치를 대하는 태도 차이도 있는 것 같다.

이렇게 무조건 놀려도 된다고 공인된 직종이 하나 더 있다. 바로 축구 감독이다. 축구 감독은 언론과 팬들의 표적이다. 성적이 나쁘면 어마어마하게 욕을 먹고 조롱당한다. 팬들에게 축구 감독은 일상의 일부를 진짜 책임지는 사람이라서 그런지 더 가차없이 비판당한다. 성적이 나쁘면 그 누구도 지켜 주지 않는다. 같은 팀 팬들이 오히려 더 무섭다. 예전 감독들은 성적이 나오지 않으면 계약 기간이 남았어도 자진 사퇴하는 식으로 책임을 졌다. 위약금을 받지 않고 팀을 나갔다. 그런데 최근에는 외국인 감독이 늘어나면서 끝까지 사퇴하지 않고, 경질당하면서 위약금을 챙겨 가는 경우가 많아졌다. 이런 경우에도 조롱하고 풍자하지 않으면 언제 하겠는가?

아내는 내 방송 활동을 모니터링하면서 항상 조심하라고 얘기한다. 내 발언이 아슬아슬하다며 걱정한다. 특히 교육방송에서 "술 마시고 무슨 일이 있었다" 같은 이야기를 하면 큰일 나니 조심하라고 신신당부했다. 처음에는 아내가 보수적인 사람이라고 생각했는데 한국을 겪어 보니 아니었다.

방송을 할 때는 농담도 가려서 해야 한다. 유튜브라고 크게 다르지는 않은 것 같다. 내가 한국의 '손흥민 선수 팬'들에게 "여러분은 손흥민 팬이지 토트넘 팬이 아니에요"라고 한 발언이 유튜브에서 화제가 된 적이 있었는데, 이 발언은 농담 축에도 못 든다. 사실 진실이기 때문에 농담도 아니다. 그런데 이런 발언도 조심해야 한다. 한국은 영국보다도 진보적이고 개방적인 것 같은데 이런 면에서는 영국보다 보수적인 것 같다.

05

매일 오가는 농담 속에
조금씩 상처받는다

일상 속 영국 유머의 가장 큰 특징은 자기 비하(Self-deprecation)
다. 한국식으로 하자면 셀프 디스(Self-disrespect)가 더 일반적
인 표현일 것이다. 스스로를 낮추고 비하하는 게 전제 조건
이다. 잘난 척하거나 거만한 태도를 보이면, 곧바로 비호감
의 대상이 된다. 누군가가 "너 못생겼어"라고 하면 다른 자랑
거리를 내세워서 만회하려고 하는 게 아니라, "이빨도 그래"
하는 식으로 스스로를 더 끌어내리는 게 정석이다. 정색하고
받으면 안 된다.

영국에서 친구를 만나는 일은 즐겁지만 그 시간을 보내
는 건 힘든 일이 될 때가 있다. 친한 사이일수록 서로 놀리
는 게 만나서 하는 일이다. 서로 칭찬 같은 건 절대로 하지

않는다. 친구끼리는 서로 비하하고, 이를 받아들여야 한다. 여기에 하나 더, 사르카즘(sarcasm)이 추가된다. 비꼬고, 빈정거리고, 풍자하는 것이다. 앞서도 얘기한 영국식 유머의 핵심은 사실 사르카즘이다. 코미디 프로그램부터 일상생활까지 영국인들은 숨 쉬듯이 서로를 비꼬고 빈정거린다.

친구들과 만나면 모든 대화가 사르카즘으로 이어진다.

"You look nice~~(너 오늘 지이이인짜 좋아 보여~~)!"

"Oh, thanks! Coming from you, that means so much(어, 고마워! '너 같은 애'가 말해 주니까 감동이다)."

이런 식이다. 절대로 진지하게 받아들이면 안 되는데, 웃어서도 안 된다. 아무렇지도 않다는 듯이 평온하게 받아쳐야 한다. 누군가가 나를 비하하면 스스로를 더 비하해 준다. 내가 웃음거리가 될 때는 스스로 웃음거리가 되어 준다. 누군가가 나를 비꼬면 나도 비꼬면서 받아친다. 이런 대화가 계속 이어진다. 이를 딜리버리(delivery)라고 하는데, 이런 대화의 특징은 클라이막스가 없다는 것이다. 그러다가 다른 화제로 전환되고 계속 이어진다. 누구를 만났느냐에 따라서 주제가 달라지지만 대화 방식은 똑같다. 빵 터지는 말을 던져도 반응하지 않고 농담만 계속 주고받는다.

외국인들은 이런 대화 방식과 유머에 적응하기 쉽지 않

영국 남자들은 친구끼리 절대 진지한 이야기를 하지 못한다. ⓒGetty Images

다. 곧이 곧대로 얘기하는 법이 없으니 영국인들이 무슨 의도로 말하는지 헷갈리기 십상이다. 미국인들은 특히 착각하는 경우가 많다. 직설적으로 말하고 리액션도 큰 문화라서 영국과는 유머 코드가 많이 다르다. 그래도 영국식 유머 코드를 캐치해 내면 빠져들게 된다.

친구들과 만나면 재미는 있지만 솔직히 조금 피곤할 때도 있다. 항상 평정심을 유지하면서 다음에는 어떤 말로 받아칠까 머리를 계속 굴려야 한다. 그러다 보니 친구들끼리는 세상이 무너져도 진지한 얘기를 할 수 있는 분위기가 아니다.

한국에서는 다른 사람이 잘나가면 배가 아프더라도 겉으로는 내색하지 않는 게 예의다. 그러나 영국은 잘나가는 사람이 있으면 깎아내린다. 나는 한국에서 방송 활동을 하는데, 친구들이 보기에는 일반적인 직업도 아니고 방송계 일을 한다니 사실이야 어쨌든 일단 나를 잘나가는 놈으로 여긴다. 이제는 만나기만 하면 "방송 물 좀 먹으니까 어떠냐?", "놀면서 버는 거 아니야?", "너는 이제 진짜 노동자 계층이 아니야, 인마!" 하고 놀린다. 내가 무슨 말을 해도 통하지 않는다. 들을 생각이 없다. 내가 식당에서 밥이라도 산다고 하면 "잘나간다, 이거지?" 하고 면박을 준다. 그런데 밥을 안 사면 "잘나가는 놈이 왜 이리 통이 작아?" 하고 비아냥댄다.

한번은 출장으로 영국에 잠깐 들른 적이 있었다. 그때 친구들과 식사하려고 좋은 식당을 예약하고 먼저 가 있으라고 했다. 일정상 조금 늦을 것 같았다. 그래도 친구들 얼굴을 꼭 보고 밥이라도 사 주고 싶었다. 그런데 그놈들 중 식당에 간 놈은 한 명도 없었다. 자기들끼리 술을 마신다면서 다른 데로 가 버린 것이다. 진심으로 삐졌는데 그놈들은 "뭘 이런 걸로 그래? 일로 와. 우리가 술 사 줄게" 하면서 아무렇지도 않게 이야기했다.

평생을 이렇게 만나다 보니 버거울 때가 있다. 지금도 친구들은 나를 만나면 어렸을 때 내가 맥주가 아닌 칵테일을 마신 걸 들춰낸다. 내가 죽어서 관 속으로 들어갈 때도 그 얘기를 할 것이다. 무조건 서로를 까는 문화이다 보니 서로 매일 조금씩 상처를 주고받는다. 상처가 나고 아물고 덧나고 다시 아물어서 아무렇지 않게 되어도 계속 상처를 주고받는 것이다. 불본 아무렇지 않은 사람이 있을지도 모른다. 내가 한국에서 오래 살고 조금 예민한 편이어서 이렇게 느끼는 것일 수도 있다. 어쨌든 이것이 영국인, 특히 영국 남자들의 문화다.

이런 문화에서 성장해서 한국의 회식 문화가 낯설다. 일로 만난 사람들이 모여서 밥을 먹고 술을 마신다. 친하지도 않은데 가족이나 일 이야기, 회사의 미래 같은 걸 얘기한다. 나는 술을 마시면서 그런 진지한 얘기를 해 본 적이 없다. 나는 농담을 하고 싶은데 영국식으로 했다가는 어떤 일이 벌어질지 알 정도의 눈치는 있다. 그렇다고 이야기에 끼자니 도저히 입이 떨어지지 않아 어색하게 앉아 있을 때가 많았다.

그러다가 선배나 동기하고 둘이서 얘기 좀 하자는 말을 들으면 매우 난감하다. 남자랑 단둘이 술을 먹는 것도 이상한데 진지한 얘기를 한다니 상상만 해도 어색하다. 이런 걸 친구들에게 걸리면 "게이가 됐냐?"면서 매장 당할 거다. 지금도 한국에서 남자들끼리 둘이서 술을 마시자는 말을 들으면 편하지 않다. 영국식으로 가볍게 이야기하는 건 좋은데 진지한 얘기를 하는 건 너무 부담스럽다.

요즘 젊은 세대들은 어떤지 모르겠지만 내가 자랐던 1980~1990년대까지만 해도 PC주의라는 것은 딴 세상 얘기였다. 남자답지 못한 행동을 하면 "게이"라고 하고 말도 엄청 거칠었다. 성적인 의미를 가진 욕도 너무 많다. 실제로 영국에서 살면 욕이 영국식 영어의 본체라는 것을 알게 될 것이다. 고급스러운 포시 영어는 TV에서나 들을 수 있는 말이다.

그래서 마음이 편해지는 때는 여자 친구와 만났을 때다. 그때야말로 진지하게 이야기를 나눌 수 있다. 어떻게 농담을 던지고 받아칠까 고민하지 않고 머리를 쉬면서 긴장도 풀 수 있는 평온한 시간이다.

06

누구든 물어뜯는다

한국은 외국의 반응에 민감한 편이다. 그래서 외신에 대한 관심도 많다. 다른 나라 언론이 한국을 어떻게 평가하는지를 중요하게 여긴다. 각종 국가 지수나 영화제 수상, 스포츠 스타의 일거수일투족에도 관심이 쏠린다.

반면 영국 언론은 영국이 해외에서 어떻게 평가받는지, 영국인이 어떤 활약을 했는지에 대해서는 별다른 관심이 없다. 이민자가 많은 다문화 국가이기도 하고, 최근에는 내세울 만한 것이 줄어든 탓도 있겠지만, 영국인들 스스로 해외 반응을 굳이 찾아보지 않는다. 그래서 한국에 왔을 때 박지성 선수가 경기 중 돌파 한 번 했다고 신문에 나오거나, 손흥민 선수의 활약상이 크게 보도되는 것을 보고 신기했다. BTS도 마찬가지였다. 좋은 노래와 공연에 대한 평가보다는 스포츠 중계처럼 빌보드 순위가 몇 위인지를 중심으로 보도하는 방식이 인상적이었다.

왜 그렇게 해외 수상이나 반응에 민감한지는 한국 생활을 하면서 이해할 수 있게 됐다. 한국은 인정받고 긍정적인 반응을 이끌어 내려는 노력이 강한 나라다. 그런 방식으로 좋은 제품과 문화 콘텐츠를 만들어 낸다. 이런 점에서 한국과 영국은 극명하게 다르다.

물론 영국은 근대화 초기에 이미 선진국 반열에 올라 있었고, 영어를 사용하는 국가라는 이점도 있다. 특히 문화 산업에서는 이미 브랜딩이 되어 있고, 영어권 전체를 시장으로 삼을 수 있다. 따라서 자국을 적극적으로 알릴 필요성이 상대적으로 적다. 하지만 한국의 적극적인 태도는 배워 볼 만하다고 느낀다.

어쨌든 영국이 서구 주요 국가인 덕분에 한국에서는 영국 언론에 대한 관심도 많은 편이다. 특히 스포츠 분야가 그렇다. 한국에서는 손흥민 선수가 프리미어 리그에서 뛰던 시절에 영국 언론이 어떻게 평가했는지를 두고 논쟁이 벌어지기도 했다. 혹시라도 평가가 박하면 인종 차별이 아니냐는 해석까지 나왔다.

영국 언론에 대해 본격적으로 이야기하기 전에, 스포츠나 연예 분야 보도에 관해서는 분명히 말할 수 있다. 이 분야에서 영국 언론은 차별이 없다. 모두를 공평하게 물어뜯는다. 베컴이나 루니도 예외가 아니었다. 기본적으로 누군가 잘나가면 '거만할 것'이라고 전제하고, 비판의 표적으로 삼는다. 그럴 때 겸손한 모습을 보이면 대중의 반응은 좀 더 너그러워진다. 손흥민 선수는 워낙 겸손해서 오히려 이득을 본 사례라고 본다. 일반적인 백인 선수가 그렇게 행동하면 "남자답지 못하다"거나 "소심하다"는 반응이 나올 수도 있다. 아시아 문화권에서 왔다는 배경이 더 좋은 평가로 이어졌다고 생각한다.

영국의 대표적인 언론은 모두가 알다시피 BBC다. 개인차는 있겠지만, 나 역시 BBC를 통해 뉴스를 소비했다. BBC는 공영 방송으로서 압도적인 영향력을 지니며, 일정 수준의 중립성을 유지하는 기관으로 평가받는다. 보수당이 집권하면 보수당으로 편향된다는 지적도 있지만 BBC는 BBC다.

BBC는 한국의 KBS처럼 수신료(TV Licence Fee)를 받는다. 2025년 기준으로는 연간 174.5파운드로, 월 14.5파운드 정도다. 환율을 1,800원으로 계산하면 약 2만 6,000원 수준이다. 한국의 수신료와 비교하면 10배 이상 비싼데, 영국인에

영국 공영 방송 BBC. ⓒGetty Images

게도 부담스럽다. 텔레비전이 있는데도 수신료를 내지 않으면 처벌받을 수도 있다. 최근에는 이 제도를 폐지하고 넷플릭스처럼 구독형으로 전환하거나, 광고 수입을 확대하자는 개편 논의가 진행 중이다. 하지만 공영 방송이 구독형이나 광고 기반으로 운영될 경우, 접근성과 공정성에서 문제가 생길 수 있다는 우려도 있다. BBC는 여전히 영국에서 가장 많은 사람들이 뉴스와 정보를 접하는 채널이기 때문에 향후 방향이 주목된다.

신문으로 시선을 돌리면, 영국 언론은 판형에 따라 크게 타블로이드(tabloid)와 브로드시트(broadsheet)로 나뉜다. 브로드시트는 타블로이드의 두 배 크기다. 보통 정론지가 이 판형을 사용한다. 반면 타블로이드는 작고 간편해서 들고 다니기 좋고, 선정적이고 자극적인 기사들을 싣는다. 타블로이드 중에서 특히 제호 배경이 붉은색인 신문들을 '레드톱(red-top)'이라 부른다.

그 대표적인 예가 한국에서도 잘 알려진 〈더 선(The Sun)〉이다. 아빠도 이 신문을 자주 보셨다. 축구 뉴스가 재미있기도 하지만, 3페이지부터 등장하는 나체 여성 등 자극적인 콘텐츠 때문이다. 저질이라는 걸 알면서도 눈을 떼기 어렵다. 서민층, 특히 노동자 계층에게는 압도적인 영향력을 지

영국의 타블로이드 신문들. 제호 배경이 붉은색인 신문들은 레드톱으로 불린다.
ⒸGetty Images

닌 신문이지만 사회적으로는 좋은 평가를 받기 어렵다. 스캔들 중심의 보도와 우파 성향도 뚜렷하다. 〈더 선〉을 보면 훌리건이라는 이미지도 있다. '더 선 불매 운동'도 있었지만, 그다지 효과는 없었다.

〈더 선〉이 평일을 책임졌다면, 같은 회사의 주간지 〈뉴스 오브 더 월드(News of the World)〉는 일요일을 책임졌다. 이 신문 역시 자극적인 기사를 중심으로 다뤘는데, 2011년 왕실 전화 도청 사건이 발각되어 폐간됐다.

〈데일리 메일(Daily Mail)〉과 〈데일리 미러(Daily Mirror)〉도 대표적인 레드톱이다. 이들도 〈더 선〉과 자극성 면에서는 비슷하지만, 성향과 독자층에서 차이가 있다. 〈데일리 메일〉은 극우 성향과 반이민 정서가 강하고, 인종 차별 논란도 있다. 반면 〈데일리 미러〉는 〈더 선〉 독자보다는 교육 수준이 높지만, 복지 혜택을 받는 계층이 읽는 신문이라는 이미지다. 이들 레드톱에 좋은 기사가 전혀 없는 것은 아니지만, 전체적으로 신뢰하기 어려운 보도들이 많다.

브로드시트는 일반적으로 '정론지'로 불린다. 대표적으로 〈가디언(The Guardian)〉, 〈타임스(The Times)〉, 〈텔레그래프(The Telegraph)〉가 있다. 나는 세컨더리 스쿨에 들어가서야 정론지를 접하게 됐다. 처음에는 신문이 너무 커서 어떻게 펼

정론지로 분류되는 〈타임스〉와 〈가디언〉. ⓒGetty Images

쳐야 할지 몰랐을 정도다. 브로드시트는 보통 정장을 입은 사람이 지하철에서 읽는 신문이라는 이미지가 있다. 브로드시트는 신뢰감이 높고, 구독자 수준도 높기 때문에 글의 수준도 더 좋다. 문장도 더 우아하다.

영국의 신문은 한국보다 정파성이 분명하다. 방송은 법적으로 중립성이 요구되지만, 신문은 표현의 자유가 더 보장된다. 브로드시트 역시 성향에 따라 정파성이 뚜렷하다. 독자들 또한 그에 맞는 이미지를 갖는다. 예를 들어, 〈가디언〉 독자는 교육을 잘 받은 좌파 엘리트지만 현실 감각이 부족하다는 이미지가 있다. 〈타임스〉 독자는 보수당 지지자이자 시티 오브 런던에서 일하는 엘리트이고 포시 영어를 쓰며 잘난 척한다는 이미지다. 〈텔레그래프〉는 보수당의 핵심적인 지지층인 부유한 비즈니스맨이 보는 신문이라는 이미지다.

영국발 외신을 접할 때는 이런 성향을 고려하면 정보를 더 잘 필터링할 수 있다. 외신이라고 무조건 신뢰할 필요는 없다. 어떤 맥락과 의도로 쓴 기사인지 확인하면 훨씬 흥미롭다.

또 하나 주목할 점은 팟캐스트다. 영국은 팟캐스트 인기가 높고, 유력 언론도 구독 기반으로 운영되는 경우가 많다. 나 역시 축구 관련 방송을 하다 보니 〈디 애슬레틱(The Athletic)〉 팟캐스트를 구독하고 있다. 〈뉴욕 타임스(The New York Times)〉가 인수한 이 스포츠 언론은 프리미어 리그에 대한 수준 높은 정보를 제공한다. 미국 회사의 콘텐츠로 영국 축구 뉴스를 듣는 건 아쉽지만, 〈더 선〉을 보면서 방송할 수는 없으니 어쩔 수 없다.

07.

종교보다는 문화가 된 기독교

영국에 대해 관심이 많은 사람은 가끔 성공회(聖公會, Anglican Communion)에 대한 질문을 한다. 그럴 때는 평범한 영국인으로서는 대답하기 곤란하다. 성공회에 대해 아는 게 거의 없기 때문이다. 성공회뿐 아니라 다른 기독교에 대해서도 잘 알지 못한다. 영국의 다른 모든 것처럼 복잡하기도 하다.

사람들은 영국의 국교를 성공회라고 생각하는 경우가 많은데, 영국(United Kingdom of Great Britain and Northern Ireland)의 국교는 없다. 잉글랜드는 성공회의 분파인 잉글랜드 교회(Church of England), 스코틀랜드는 장로교인 스코틀랜드 교회(Church of Scotland)가 국교다. 웨일스와 북아일랜드는 국교가 없다.

잉글랜드 교회의 명목상 수장(Supreme Governor)은 영국의 국왕이다. 잉글랜드 교회는 잉글랜드의 국왕 헨리 8세(1491~1547)가 만들었다. 헨리 8세는 왕비였던 아라곤의 왕녀 카탈리나가 아들을 낳는 데 실패하자, 카탈리나의 시녀였던 앤 불린과 결혼하기 위해 교황에게 이혼을 허락해 달라고 했는데 거부당했다. 그러자 헨리 8세는 수장령(Act of Supremacy)을 통해 자신이 잉글랜드 교회의 수장임을 선포했고, 교황은 헨리 8세를 파문하는 것으로 대응했다. 잉글랜드의 국교는 헨리 8세가 이혼을 계기로 교황의 영향력에서 벗어나려고 한 정치적인 목적으로 탄생한 것이다.

헨리 8세 이후 엘리자베스 1세를 거쳐 대영제국을 건설하면서 잉글랜드 교회가 세계로 퍼져나갔고, 각국 교회의 모임인 성공회가 만들어졌다. 잉글랜드 교회는 성공회의 일원이지 성공회 그 자체가 아닌 것이다.

잉글랜드 교회는 가톨릭의 교리를 비판하는 종교 개혁의 결과물이 아니다. 교황으로부터의 정치적 독립이 핵심이었기 때문에, 교리나 예배 형식 등에서 가톨릭과 비슷한 부분이 많다. 다른 점은 사제의 결혼이 허용된다는 점과 여성 사제나 주교도 있다는 점이다. 잉글랜드 교회의 최고 성직자는 켄터베리 대주교다. 잉글랜드 교회의 교황이나 마찬

잉글랜드 국교회 성당인 웨스트민스터 사원. ⓒGetty Images

가지다. 성공회에서도 상징적인 수장으로 여겨지지만 가톨릭 교황만큼의 권한은 없다. '코먼웰스'에서 국왕이 수행하는 역할과 비슷한 정도라고 하면 어느 정도 이해할 수 있을 것 같다.

잉글랜드 교회가 운영되는 방식은 영국의 정치 체제와 비슷하다. 왕이 수장이지만 실질적인 운영은 켄터베리 대주교가 한다. 켄터베리 대주교는 국왕이 임명하지만 실제로는 교회가 추천한 인물을 그대로 뽑는다. 총리 임명과 똑같다. 엘리자베스 2세는 잉글랜드 교회 예배도 자주 출석했다. 잉글랜드 교회의 수장으로서, 자신이 교회에 출석해야 한다고 생각했고 여기서도 모범을 보였던 것이다.

영국인들은 기독교 문화와는 가깝지만 종교와는 멀어진 상태다. 영국 통계청(Office for National Statistics) 조사에 따르면, 2021년 영국인의 46.2퍼센트만이 기독교인이라고 대답했다. 2011년에는 59.3퍼센트였는데 10년 만에 13.1퍼센트 포인트가 감소한 것이다. 여기서 기독교인은 잉글랜드 교회만이 아니라 기독교 계열 종교를 포괄하는 의미다.

말로는 기독교인이라곤 하지만 신앙 생활은 거의 하지 않는다. 내 주변에는 교회에 나가는 사람이 거의 없다. 그래도 관습은 남아 있어서 교회에 갈 일이 종종 있다. 아기가 태어나거나 결혼식을 올리거나 장례를 치를 때다. 그중 결혼식을 할 때는 예쁜 교회를 찾으려고 한다. 그 외에는 주변의 교회를 찾는다.

아기가 태어나면 6개월에서 1년 사이에 크리서닝(christening)이라는 세례 의식을 치른다. 영국에서는 주로 백인 부부들이 많이 하는데 종교적인 의도는 거의 없다고 봐야 한다. 부모님이 나한테 해 줬으니 나도 자식한테 해 주는 관심 정도의 의미다. 세례를 한다고 해서 세례명이 있는 것도 아니다. 나는 세례명이라는 것도 한국에 와서 처음 알았다. 가톨릭과 비슷하지만 가톨릭과 다른 점도 많다.

크리서닝을 하려면 교회에 가서 신부님하고 인터뷰를 해야 하는데 사실상 날짜 예약이다. 교회에 등록해야 할 수 있는 것도 아니라서 한국으로 치면 돌잔치 정도의 의미로 의식을 치르는 것이다. 세례를 하면서 대부를 정하는데 그것도 그냥 형식이다. 대부가 하는 역할이 거의 없기도 해서 대부를 정하지 않는 경우도 많다. 신부님도 의식을 치르면서 "하나님의 자녀가 되겠습니까?" 하는 식의 질문을 하는데, 그냥 "네" 하면 끝난다.

이 정도가 한국 사람이 보기에는 조금 특이한 종교 의식이 아닐까 싶다. 결혼이나 장례는 크게 다를 게 없다. 그러나 일상에서 기독교 문화는 많이 남아 있긴 하다. 잉글랜드에서는 부활절(Easter)을 예로 들 수 있다. 보통 3월 말에서 4월 중순 사이에 부활절 일요일이 있는데 그때는 부활절 일요일 앞의 금요일과 다음 날 월요일까지 휴일이다.

부활절에 초콜릿으로 만든 부활절 달걀(Easter eggs)이나 아이들이 숨겨진 달걀을 찾게 하는 이스터 에그 헌트(Easter Egg Hunt) 같은 문화는 서양 영화를 많이 봤다면 익숙할 것이다. 그러나 부활절 관습은 그 이전 사순절(Lent)부터 시작한다. 부활절 40일 전의 수요일을 애쉬 웬즈데이(Ash Wednesday)라고 하는데, 예수님이 광야에서 40일 동안 금식한 것을 기리는 것이다. 원래 기독교인들은 그 기간 동안 금식을 하거나 절제하면서 기도를 했는데, 지금의 사순절은 하나의 놀이 문화 혹은 자기 절제를 위한 도전 기간처럼 여겨진다.

사순절 시작 전날을 슈로브 튜즈데이(Shrove Tuesday)라고 하는데 그날은 팬케이크 데이로 통용된다. 맛있는 걸 양껏 먹고 다음 날인 사순절부터 부활절까지 40일간 뭘 하나 포기하고 살아보기로 결심한다. 아무거나 상관없다. 절제하는 것은 술, 담배, 초콜릿이 될 수도 있고 넷플릭스여도 상관없다. 부활절까지 참아 보고 더 참을만 하면 참고 아니면 다시 시작해도 된다. 이 기간 동안 뭔가 더 좋은 삶을 살아 보자는 의도다. 예수님이나 종교적인 의미를 생각하는 사람은 거의 없다.

그래도 결혼식을 교회에서 올릴 때만큼은 조금 더 신경 쓰긴 해야 한다. 예쁜 교회에서 식을 올리려면 세례식보다는 까다롭다. 몇 주 동안은 교회에 나가서 목사님이랑 인터뷰를 해야 한다. 목사님도 결혼식이 끝나면 안 올 거라는 걸 알면서도 진지하게 받아 준다.

영국에서 종교의 영향력은 떨어지는 추세인데 최근에는 조금 달라졌다는 이야기도 있다. 'YouGov'의 온라인 조사이긴 하지만, 2024년에 월 1회 이상 교회에 가는 성인은 12퍼센트였다. 2018년에는 8퍼센트였는데 높아진 수치다. 45~54세는 출석율이 5퍼센트인데, 18~24세의 젊은 친구들이 4퍼센트에서 16퍼센트로 증가한 결과다. 젊은 층에서 교회를 찾는다는 이야기인데, 이유는 여러 가지가 있다. 일단 이 친구들은 잉글랜드 교회보다는 가톨릭 교회를 많이 찾는데, 가톨릭의 전통 의식에 관심이 있어서라고 한다. 즉, 가톨릭이 멋있어 보인다는 이야기다. 가톨릭이 다수인 국가(폴란드, 남아메리카, 아프리카 등) 출신 이민자 공동체의 영향도 신자 수 증가에 기여했다. 그밖에도 환경이나 사회 정의라는 가치가 교회와 연결되기도 하고, 공동체에 소속되어 안정감이 생긴다는 의견도 있었다. 이런 것은 코로나19의 영향이 반영된 게 아닐까 싶은 생각도 든다. 젊은 세대를 중심으로 한 영국 기독교의 회복이 새로운 변화일지 보수성의 강화일지는 두고 봐야겠지만 나쁜 방향으로 흐르지는 않았으면 좋겠다는 바람이다.

종교 이야기와 함께 등장하는 이슈는 이민자 문제다. 영국의 이민자들의 상당수는 무슬림이고 그들로 인해 문제가 생기지는 않냐는 우려다. 한국도 앞으로 인구 감소 때문에 이민 문제를 외면할 수 없어서 관심을 가지는 사람들이 있는 것 같다.

영국에서도 이민자들과 관련된 변화나 사회 문제가 있다. 오래된 교회가 모스크로 바뀐다든지 하는 경우는 종종 있다. 그러나 서운해하는 사람들은 있지만 강하게 반대하지는 않는다. 영국의 교회는 신자들이 줄어서 유지하기 어려운 경우가 많다. 이런 상황에서 무슬림들이 필요해서 교회를 모스크로 바꾸는 것이니 그것이 큰일이 될 이유는 없다. 도시든 시골이든 교회를 펍으로 개조한 곳들도 많다. 만약 영국 여행을 갔는데 교회를 펍으로 바꾼 곳이 있다면 꼭 가 보기를 권한다. 보통 교회는 마을에서 제일 좋고 예쁜

1788년에 지어진 세인트 존스 교회는 1980년대부터 사용되지 않고 있다가
2024년 모스크로 변모했다. ⓒBPM미디어

건물이다. 가 볼 가치가 있다. 참고로 보통 교회 옆에는 마을 묘지가 있다. 영국인들은 여기가 산책 코스다. 가끔 10대들이 여기서 술을 마시기도 한다.

무슬림들의 범죄가 크게 보도될 때도 있다. 2005년 7월 7일에 런던 폭탄 테러가 있었는데 범인은 영국에서 태어난 무슬림 2세들이었다. 그러나 영국은 무슬림을 테러리스트로 모는 것을 경계했고, 이슬람 커뮤니티와 관계를 유지하는 데 힘썼다. 그러면서 무슬림을 영국 사회의 일원으로 받아들이고 있다.

물론 무슬림 커뮤니티를 중심으로 심각한 범죄가 벌어지기도 한다. 그런데 그런 범죄의 본질은 사회 문제다. 무슬림이라서가 아니라 사회적 소외, 교육 격차, 빈곤 같은 환경 문제가 크다. 슬럼가가 만들어지면 범죄의 온상이 된다. 즉 무슬림이라서 범죄를 일으킨다고 보기는 어렵다는 인식이 있다. 기독교인이든 무슬림이든 범죄자는 다 있는 법이다. 물론 무슬림이나 이민자들이 범죄를 일으키면 여론이 나빠진다. 그러나 어느 정도 교육을 받았다고 자처하는 사람들은 그런 시각을 경계한다. 실제로 일상에서 접하는 무슬림들은 나쁜 사람이 아니다. 아내도 영국에서 무슬림들을 처음 만났을 때는 낯설어하고 경계했지만, 익숙해지면서 색

안경을 쓰고 볼 필요가 없다는 것을 이해했다. 중요한 것은 종교가 아니라 사람이다.

08

보수적이지만 다양한 영국

앞서 언급했지만, 한국과 영국을 비교할 때 역시 가장 눈에 띄는 지점은 변화의 속도다. 한국은 순식간에 모든 것이 변한다. 한 곳에 머물 시간을 허용하지 않는다. 변화의 속도가 다른 가장 큰 이유는 변화를 받아들이는 태도에 있다. 한국인들은 변화에 개방적이다. 변화를 받아들이지 않으면 도태된다고 생각한다. 변화에 대한 기준은 트렌드다. 세계적인 트렌드에 맞춰 실시간으로 모든 것을 받아들이고 흡수한다.

반면 영국인들은 급격한 변화를 거부한다. 나에게 익숙한 선을 넘어가면 혼란이 올 거라고 생각한다. 그런데 영국이 원래 변화를 거부하는 보수적인 나라였을까? 역사를 보면 그렇지는 않았던 것 같다. 정말 보수적인 나라였다면 15~16세기 신항로를 개척하던 대항해 시대에 세계로 나가지 않았을 것이고, 산업 혁명도 선도하지 못했을 것이다. 지금 영국이 보수적인 나라가 된 것은 정점을 이미 찍었기 때문일 수도 있다.

영국은 한때 세계를 이끌었던 나라다. 단순히 제국을 세웠기 때문만은 아니다. 1948년에 도입된 국민 보건 서비스 (National Health Service, NHS)는 복지 국가의 시초가 된 혁명적인 제도였다. 국가가 의료 서비스를 책임진다는 개념은 사회주의라는 비판도 받았지만, 서구 선진국들의 공공 의료에 큰 영향을 미쳤다. 나도 영국에서 둘째를 낳을 때 이 제도의 혜택을 봤다. 한국의 건강 보험과 병원만큼 수준 높은 서비스는 아니었지만 국가가 무료로 모든 것을 책임지는 의료 서비스로 보면 괜찮은 수준이었다.

영국인들은 생각보다 영국이라는 나라에 큰 불만이 없다. 한때 세계를 주도했고, 두 번의 세계 대전에서 이긴 승자라는 역사가 현실의 불만을 누그러뜨리는 장치가 되는 것 같다. 우리가 최고이니까 다른 나라에 눈을 돌릴 필요가 없다는 인식도 있다. 나도 1990년대 중반까지는 영국이 세계에서 가장 좋은 나라라고 생각했던 기억이 있다. 미국이

나 일본 같은 나라가 우리를 앞질렀다는 것을 실감하지 못했다. 외부 세계를 모르니까 영국이 기준이 된다. 다들 검소하고 소박하게 살고 있으니 그게 정상인 줄 알고 또 만족하게 된다.

한국에서 살다 보면 영국은 아예 다른 문명처럼 느껴진다. 한국에서는 초등학생부터 어르신들까지 모두 스마트폰을 사용한다. 그러나 영국에서는 많은 부모가 초등학생에게 스마트폰을 절대 금지한다. 무슨 문제가 있으면 학교를 통해 소통하면 된다고 생각한다. 어르신들도 스마트폰을 사용하는 사람이 거의 없다.

냉장고도 한국은 대형 양문형 냉장고가 표준인데, 영국은 문짝 하나짜리 작은 냉장고가 기본이다. 사실 양문형 냉장고는 집에 넣을 자리도 없다. 인덕션 스토브 같은 건 있는지도 모른다. 방송국에서는 여전히 흑백 텔레비전용 신호를 송출하고 있다. 내 삼촌도 2000년대에 들어와서야 컬러 텔레비전을 들여놨을 정도다.

빨래 건조기도 낯설다. 마당에서 빨래를 말리거나 라디에이터가 있는데 왜 그런 물건이 필요하냐고 생각한다. 한국식 정수기도 마찬가지다. 집이 무슨 공동 시설도 아닌데 왜 정수기를 쓰냐고 한다. 여기에 정수기에서 얼음까지 나

지극히 사적인 영국

부모님이 사시던 집의 주방. 커다란 양문형 냉장고는 노동자 계층에게 낯설다.
ⓒPeter Bint

온다고 하면 이상하게 생각할 수밖에 없다. 개인적으로도 한국의 아리수는 품질이 좋고 깨끗한데 굳이 정수기를 쓸 필요는 없지 않나 싶다. 영국은 석회질 물인데도 건강에 좋다면서 그냥 마시는 사람들이 있다. 수돗물 품질은 한국이 영국보다 좋은데 정작 물을 그냥 마시는 건 영국 사람이다. 석회수가 좀 찝찝한 사람들은 필터를 사용하는 브리타 정수기를 사용하기도 했는데, 한국 같은 정수기를 집안에 설치하는 경우는 없다.

마사지 의자 같은 제품은 거의 문화 충격급이다. 이런 물건은 그냥 사치품으로 취급한다. 그러면서도 조금 부러워하는 건 있다. 호텔이나 고급 리조트에서 받을 수 있는 서비스인데 이걸 집안에서 제공해 주는 최첨단 기기가 있다는 게 놀라운 것이다.

한국인들의 시선은 세계를 향해 있고, 영국인들의 시선은 내부로 향해 있다. 이런 시선의 차이가 지금 영국과 한국을 정반대의 나라로 만든 것 같다. 한국인들은 새로운 것을 도전하고, 만들고 팔려고 한다. 영국인들은 유지하고 지키려고 한다. 그래서 영국의 제조업이 더 빨리 무너진 것 같기도 하다. 새로운 것을 만들고 쓰려고 하지 않으니 제조업이 버티기 어려웠을 것이다.

　　　　　　　　　　지극히 사적인 영국

그렇지만 영국이 새로운 것을 완전히 거부하는 나라는 아니다. 필요하면 적응하고 받아들인다. 앞서 언급한 NHS도 그렇고 문화적인 측면에서는 새로운 것을 받아들이는 데 적극적이다. 미국의 '개러지 록(Garage Rock)'을 받아들여 '개러지 밴드(Garage Band)'를 만들어 내기도 했고, 브릿팝을 비롯해 독특하면서도 뛰어난 뮤지션들을 많이 배출했다.

보수적인 것처럼 보이지만, 진보적인 면도 있다. BBC만 봐도 그렇다. 종교 프로그램인 〈Songs of Praise〉를 아직도 방영한다. 동시에 〈Top of the Pops〉에선 스컹크 아난시(Skunk Anansie) 같은 밴드도 소개했다. 이 팀은 사회를 비판하는 노래를 했고, 리더인 스킨은 동성애 지지 활동도 했다. 지금보다 훨씬 보수적이던 1990년대의 일이지만 별다른 논란은 없었다.

전기차 보급도 빠르다. 환경 문제는 중요하다고 여기는 분위기다. 이민자와 다문화도 그렇다. 예전엔 어떻게 받아들여야 할지 몰랐지만, 이제는 공존하는 방법을 찾고 있다. 교회가 모스크로 바뀌어도 문제 삼지 않는다. 그냥 같은 영국인으로 살아갈 뿐이다.

영국은 생각보다 다양한 면이 있는 나라다. 보수적인 것처럼 보이지만 필요하면 과감하게 변화를 추구한다. 그러

코벤트리 중심가에서 충전을 하고 있는 영국 전기차 택시. ⓒGetty Images

다 보니 모순처럼 보이는 지점들이 있다. 정치나 법 체계는 물론이고 생활에서도 그렇다. 영국은 한번에 모든 것을 뜯어고치지는 않는다. 가급적 있는 그대로 지내다가 필요하다 싶으면 바꾸는 걸 주저하지 않는다. 물론 그 과정이 언제나 매끄러울 수는 없다. 하지만 변화해야 한다는 걸 인정한다면 "Keep Calm and Carry On"이다. 그렇게 지내다 보면 어떻게든 살아진다. 이렇게 조금씩 바꾸다 보면, 낡고 오래된 것들 속에 새로운 것들이 보일 때가 있다. 이런 게 바로 영국의 매력 아닐까.

판타지 속 나라 같은 한국

외국의 역사를 잘 모르는 영국인을 만나면 친절하게 설명해 달라고 당부했지만, 사실 그런 기회는 거의 없다. 외국인과 깊은 역사 논쟁을 할 일도 드물고, 설령 그런 기회가 있어도 상당히 민감한 문제다. 스스로 잘못 알고 있다는 사실을 깨닫지 못한 상태에서 자국의 부정적인 역사를 들추면 대부분 방어적인 태도를 취하기 마련이다. tvN의 〈벌거벗은 세계사〉에 출연하면서 느꼈지만, 방송에서 전문가에게 듣지 않고 한국 친구나 동료에게 영국에 대한 부정적인 이야기를 들었다면 나도 거부감이 들었을 것이다.

하지만 생각해 보면, 저 멀리 동아시아 끝에 있는 나라에서 영국에 대해 이렇게까지 잘 알고 있다는 사실이 신기하다. 한국은 볼수록 영국과는 정반대인 나라지만, 이렇게 많은 관심을 받을 수 있다는 건 나름의 '나라 복'이라는 생각도 든다.

책을 돌이켜 보면 나는 영국의 좋은 점보다는 부정적인 면을 더 많이 이야기한 것 같다. 어쩔 수 없다. 영국인은 자기 비하와 사르카즘 없이는 말을 이어 가기 어려운 사람들이다. 영국인이 영국을 칭찬하는 건 정신적으로 부담스러운 일이다. 게다가 영국은 내가 굳이 칭찬하지 않아도 이미 매력적인 나라다. 영국 관광지나 축구, 경제 이야기는 나보다 한국인들이 더 잘 알 것이다. 하지만 영국 사람들이 실제로 어떻게 생각하고 살아가는지는 잘 모를 수 있다. '나'라는 창을 통해 영국인의 사고방식을 보여 주고, 공감의 기반이 되길 바랐다. 더 가까워지기 위해서는 공감이 중요하다.

한국 문화에 빠진 외국인들에게 한국은 판타지 같은 나라다. 외국에서 살고 있는 K-컬처 팬들에게 한국은 완벽한 나라처럼 인식되는 것 같다. 일단 K-컬처는 포장이 완벽하다. 예쁘고 멋있는 모습을 극대화하여 보여 준다. 지리적으로 멀리 떨어져 있고 말도 통하지 않기에 한국은 이국적이면서 환상적인 나라로 비쳐진다. 동질감보다는 동경하고 싶은 이질감이 K-컬처의 매력이다. 판타지 속의 나라가 현실에 있으니 더욱 빠져들고 몰입하게 된다.

한때 한국에겐 영국이 그런 나라였을 것이다. 내가 태어난 1980년대나 엄마가 어린 시절에 보냈던 한국은 지금처럼 멋지고 쿨한 나라가 아니었다. 한국인에게 영국은 선진국이었고, 신사와 숙녀가 사는 나라였으며, 여왕과 왕자가있는 동화 같은 곳이었다. 어쩌면 엄마에게 영국은 지금 외국인들이 느끼는 한국과 비슷한 나라였을지도 모른다. 하지만 그때나 지금이나 영국인의 절반 이상은 나 같은 노동자 계층이었고, 왕족이나 귀족은 우리에게도 다른 세상 이야기였다.

한국에 이끌려 온 외국인들은 곧 환상에서 벗어나게 된다. 한국 역시 사람이 모여 사는 현실의 공간이다. 드라마나뮤직비디오에 나오는 모습은 한국의 극히 일부다. 화면 밖의 한국을 접하게 된 외국인 중에는 적응하지 못하고 돌아가는 이들도 있지만, 오히려 한국에 더 매력을 느끼고 정착하는 사람들도 있다. 한국의 부정적인 면까지 알게 되면서판타지 속 나라가 아닌 현실의 공간이라는 걸 깨닫고, 그제야 진짜 한국에서 살아갈 수 있게 된다. 디즈니랜드에서 평생 살 수 없듯, 인생은 계속돼야 하니까.

한때 한국에서는 "Do you know?"라는 밈이 유행했다.

외국 스타나 언론에 한국의 유명한 것들을 아느냐고 묻는 질문이었다. 한국은 해외에 자국을 알리기 위해 애썼고, 빨리 성장하고 성공하고 싶다는 열망이 있었다. 하지만 지금의 한국은 이미 선진국이다. 이제는 외국의 반응에 크게 신경 쓰지 않아도 될 만큼 충분히 매력적인 나라가 됐다.

앞으로는 한국의 부정적인 면도 더 많이 알려질 것이다. 이는 그만큼 한국이 세계에 많이 알려졌다는 방증이다. 전쟁이나 식민지 역사가 아닌 문화만으로 이렇게까지 영향력을 키운 나라는 없다. 이제는 한국이 좀 더 여유롭고 자신감을 가져도 좋을 때다. 영국이 모순되고 설명하기 어렵기 때문에 매력적인 것처럼, 한국도 언젠가는 판타지의 시기를 지나 현실 속에서도 멋진 나라로 남을 것이다. 그리고 나는 영국과 한국이라는 정반대의 매력을 가진 두 나라에서 모두 살아볼 수 있어 다행이라고 생각한다.

피디 빈트

영국을 지탱하는
역사와 문화의 힘

'지구 여행자를 위한 안내서' 시리즈는 남에게 양보하기 싫은 기획이다. 한 나라에 대해 수십 시간 동안 질문을 던질 수 있어서다. 설령 친구 사이라도 쉽게 꺼낼 수 없는 이야기까지 마음놓고 나눌 수 있으니 이만한 행운이 없다. 국가의 정체성이나 정치·경제·사회 문제를 몇 시간이고 논할 기회가 어디 흔하겠는가.

하물며 그 대상이 영국이라면 더욱 그렇다. 이 책을 읽은 독자라면 알겠지만, 영국인들은 친구끼리 진지한 대화가 불가능하다. 예외가 있다면 프랑스인 정도일 것이다. 단편적인 경험이지만 《지극히 사적인 프랑스》를 만들 때 느낀 점인데, 프랑스인이라면 이런 주제로 일주일 내내 토론해도 지치지 않을 것 같다는 편견이 생겼다.

이번에 피터 빈트와 함께 《지극히 사적인 영국》을 준비하면서 국가는 인간이라는 종을 구분하는 라벨이 아닐까 하는 생각이 들었다. 서구권 국가 편은 이탈리아와 프랑스, 러시아에 이어 네 번째인데, 집필에 임하는 저자들의 태도가 매우 달랐다. 이탈리아의 알베르토 몬디는 언제나 여유 있고 넉넉한 모습을 보이지만 커피 그리고 특히 음식에 있어서만큼은 지독하게 파고들었다. 음식에 문외한인 입장에서 그의 말은 거의 알아들을 수 없을 정도였는데, 그는 음식을 제대로 알리지 못하면 이탈리아인으로서 죄를 짓는 것마냥 진지했다. 프랑스의 오헬리엉 루베르는 프랑스 사회가 무엇이 문제인지 한국인에게 알려야 한다는 의무감이 있는 듯했다. 프랑스 정부와 경찰 등의 문제점을 이탈리아인 같은 열정으로 설파했다. 러시아를 다룬 벨랴코프 일리야는 냉소적이면서도 러시아의 문화와 유산에 대해서는 깊은 자부심을 가지고 있었다. 러시아는 너무 큰 나라라서 머리로 이해할 수 없으니 몸으로 느껴야 한다면서 말이다. 저마다 세세한 태도는 달랐지만, 그들이 보여 준 면모는 신기할 만큼 각 나라가 가진 이미지와 닮아 있었다.

처음 피터 빈트와 작업을 시작했을 때는 당혹스러웠다.

이 책이 영국을 미화하려는 기획은 아니었지만, 이야기를 듣다 보면 영국은 이상한 나라였다. 변화를 싫어하고, 참고 견디면서 만족하는 사람들. 민주주의 국가인데도 왕정과 계층을 용인하는 사람들. 법보다는 관습이 앞서고, 법을 내세우는 건 치사하다고 생각하는 태도. 한때 세계를 호령했던 제국, 우리가 선망하던 선진국이라고는 믿기 어려운 모습들이 계속 나왔다. 피터는 이런 날것의 영국을 포장하고 싶은 생각이 없어 보였다. 느긋한 표정으로 영국의 모순을 하나씩 이야기하는데, 영국에 대한 좋은 이야기는 드물었다. 피터가 가장 진지했던 순간은 놀랍게도 음식 이야기를 할 때였다. 영국은 '전통 음식'이 맛이 없는 것이지, '영국 음식'은 세계에서 제일 낫다고 하면서도, 맛있는 음식을 먹으려고 에너지를 쓰는 건 이해하기 어렵다고 했다.

인터뷰를 진행하면서 피터를 조금은 이해할 수 있게 됐다. 특히 영국인의 유머에 관한 대화에서였다. 가이 리치 감독의 〈록 스탁 앤 투 스모킹 배럴즈(Lock, Stock And Two Smoking Barrels)〉라는 영화가 있는데 영국인들의 대화 방식과 유머가 잘 드러난다. 의미 없는 디스가 이어지고, 맥락 없는 농담이 오히려 맥락이 된다. 외국인으로서는 처음에 도저히 이해하기 힘들다. 이런 것이 영국인들의 일상이다. 절대 좋은 말이나 칭찬은 하지 않는다. 만약 서로에게 좋은 말을 해 준다면 그들은 '영국인'이라는 알맹이가 빠진 사람들이다.

영국에 대해 이야기할 때도 마찬가지다. 애국심에 넘치는 자랑은 입 밖으로 꺼내지 않는다. 영국 드라마나 쇼 프로그램을 보면 영국을 풍자하는 경우가 많은데 피터도 마찬가지였다. 영국을 칭찬하면 정신적으로 타격을 입는 게 아닐까 싶을 정도다. 그런데도 그 이면에는 영국에 대한 자부심이 있다. 이 기묘한 간극이 곧 영국인의 정체성이라고 해도 되지 않을까 싶다. 굳이 설명하지 않아도 모두 영국에 대해서는 잘 알고 있으니 말을 덧붙일 필요가 없지 않냐는, 그런 자부심이다. 한때 "Do you know?"가 밈이 될 정도로 한국을 알리고 인정받고 싶어했던 우리 입장에서 영국인의 이런 태도를 보면 어딘가 여유 있어 보이고 때로는 멋있어 보이기까지 한다. 역사와 문화의 힘이란 바로 이런 것일지도 모른다.

피터와 이야기를 나누며 나는 한국을 새롭게 돌아볼 기회도 얻었다. 내가 한국인이라두 내가 알고 있는 한국은 일부에 불과하다. 피터는 한국이 이미 충분히 매력적이고 문화적으로 뛰어난 나라라고 했다. 그렇기 때문에 자신을 포함한 많은 외국인들이 한국을 찾는다는 것이다. 다만 아쉬운 점은 한국이 부정적인 면을 드러내지 않으려고 한다는

지극히 사적인 영국

점이라고 했다. 이제는 있는 그대로를 보여 줘도 될 때가 된 것 같다고 말이다. 지금까지 외국인들에게 한국은 판타지 같은 나라였지만 그들을 더 오래 붙잡으려면 현실도 보여 줄 필요가 있다는 이야기다. 그의 이야기는 2025년에 세계적인 현상이 된 넷플릭스의 〈케이팝 데몬 헌터스〉의 메시지와도 닮아 있다. 이 말은 영국인만이 할 수 있는 듯 들리지만, 동시에 한국의 위상이 그만큼 높아졌다는 뜻이기도 하다. 영국인에게 이런 평가를 듣는 날이 올 줄은 생각하지 못했다.

피터가 이런 말을 하는 것이 한국인 어머니를 둔 혼혈이기 때문은 아니다. 그는 영국인의 정체성에 뿌리를 두고 있다. 한국에 애정을 가지고 있지만 스스로는 영국인으로 규정하고 있다. 그를 처음 만났을 때 실례를 무릅쓰고 그의 계층을 물었다. 영국인은 계층에 따라 다른 정체성을 가지고 있기 때문이다. 나는 사실 그가 미들 클래스, 즉 중산층인 줄 알았다. 방송에서 보여지는 젠틀한 이미지와 영국식 영어가 무의식 중에 그런 선입견을 갖게 만들었다. 그는 부드럽지만 단호하게 자신은 노동자 계층 출신이라고 했다. 자신을 중산층으로 본 것에 대해 불쾌해하지는 않았지만, 자신을 노동자 계층 출신이라고 소개할 때는 전혀 거리낌이 없었다. 그리고 지금도 스스로를 노동자 계층 출신으로 생각한다고 했다.

이 책에서 피터가 말하는 영국은 곧 노동자 계층 출신의 시각으로 본 영국이다. 왕족이나 귀족, 상류층이나 교육을 잘 받은 중산층이 바라보는 영국은 분명 다를 것이다. 그리고 그런 계층이 바라본 영국이 우리에게 더 익숙할 수 있다. 하지만 그래서 피터가 들려주는 이야기가 더욱 의미 있다고 생각한다. 노동자 계층의 시각으로 영국을 살펴볼 수 있는 경험을 하기는 어렵다. 그리고 영국이라는 나라의 본질을 알기 위해서는 그들의 정체성을 알 필요도 있다. 영국은 왕과 귀족들만의 나라가 아니다. 영국인의 다수는 노동자 계층이고, 그들의 정체성을 빼고 영국을 이해할 수 없다. 영국이 매력적인 이유는 이질적인 요소들이 절묘한 균형을 이루는 데 있다. 그것을 역사와 관습이라는 멋진 포장으로 엮어 모순적이면서도 매력적인 나라를 만든 것이다. 이 책을 통해 여러분들도 복잡하면서도 미묘한 영국의 매력을 느낄 수 있기를 바란다.

홍성광